U0789455

咳嗽論　眩暈論
哮喘論　消渴論
汗論　癲狂癇論

雜症集解

咳嗽論

黃帝問曰。肺之令人咳何也。岐伯對曰。五臟六腑皆令人咳。非獨肺也。觀內經言之甚詳。揔其綱領。不出外感內傷兩端。風寒暑濕傷於外。勞欲情志傷於內。自外而入者。病在陽。宜溫以散邪。自內而生者。病在陰。宜甘潤以補。治表者切忌收斂寒涼。治裡者。切忌辛香燥熱。然治表雖宜散邪。若形病俱虛。又當補中氣而佐以和解。倘專於發散。恐肺氣愈虛。腠理益疎。邪乘虛入。病反增劇矣。治裡雖宜養陰。若命門火衰。氣不歸元。則參芪桂附在所必需。否則氣不化水。終無補於陰也。治咳大法。風者散之。寒者溫之。火者清之。濕者利之。痰者消之。氣者理之。虛者補之。實者瀉之。鬱者開之。滋之。潤之。斂之。降之。隨其症而調治之。斯為上工。若夫老人虛人。以及氣虛血虛。皆以溫養脾肺為主。稍治標症可也。如醫不得法。因而危困者多矣。可不謹歟。內經言咳而不言嗽。省文也。機要云。咳謂無痰有聲。嗽謂無聲有痰。咳嗽謂有聲有痰。似屬拘泥。

肺咳

肺咳之狀。咳而喘息有音。甚則唾血。按肺屬金。所主者。氣也。音也。若外感風邪。則肺氣不利。故喘息有音。唾血者。風邪遏鬱。不能外越。故血隨咳逆而上出也。與嘔血咯血大不相同。仲景治以麻黃湯。麻黃辛溫發汗透邪。桂枝辛甘。調營和衛。杏仁辛苦以開肺氣。甘草甘平以安中土。令邪從汗解。肺金自平。不治血而血自止矣。倘妄行涼血。鮮有不敗者。

麻黃湯

麻黃　桂枝　杏仁　甘草

薑三片棗二枚水煎服

心咳

心咳之狀。咳則心痛。喉中介介如梗狀。甚則咽腫喉痺。按心主脉。心脉起於心中。其系上挾於咽。心火上蒸其肺。金被火傷。故喉中介介如有梗之妨碍也。甚

則腫痺者。氣血因火爍所致也。醫方治以桔梗湯。桔梗清肺利膈。竹葉涼心止嗽。連翹散六經之熱。梔子利三焦之火。黃芩瀉心肺以養陰。甘草和中氣以緩逆。薄荷解風熱以通竅。令心火平。肺金自安矣。

桔梗湯

桔梗　竹葉　連翹　山梔

薄荷　黃芩　甘草　水煎服

肝咳

肝咳之狀。咳則兩脇下痛。甚則不可轉動。轉則兩胠下滿。按肝屬木而藏血。其脉布於脅肋。若肺金氣虛感邪。不足以制肝木。則木扣金鳴。故咳即兩脇作痛也。其不可轉而胠下滿者。以肝氣橫逆不舒也。仲景治以小柴胡湯。柴胡宣氣暢血以疎肝。黃芩養陰退陽以降氣。半夏通陽和陰以散逆。甘草補土生金。人參益金制木。加五味斂氣止咳。乾薑利氣去邪。肝和肺利。其咳自平矣。

小柴胡湯

柴胡 錢五　黃芩 八分　製半夏 八分

人參 五分　五味子 三分　乾姜 三分

水煎服。咳甚者去人參。痰多加蔞仁、大貝。脇痛甚者加青皮、白芍

脾咳

脾咳之狀。咳則右胠下痛。陰陰引肩背。甚則不可以動。動動則咳劇。按胃之大絡。名曰虛里。貫鬲絡肺。出於左乳下。脾脉上膈挾咽。行於右胠下。故咳則右胠下痛也。陰陰引肩背。而甚則不可動者。以脾肺皆系於背。故咳則氣逆。而牽動於肩背也。總屬風寒化熱所致。醫林治以升麻湯。蒼朮燥脾。麦冬清肺。麻黃表散風寒。黃芩涼解鬱熱。石膏緩脾入肺。降火解肌。升麻通肺入脾。升陽補衛。令邪氣散而脾肺和。其咳自平矣。

升麻湯

[illegible]

[illegible]
[illegible]

[illegible]

[illegible]

[illegible]
[illegible]

[illegible]

[illegible]

[illegible] [illegible] [illegible] [illegible]
[illegible] [illegible] [illegible] [illegible]

[illegible]

[illegible]

蒼术　麦冬　麻黄　黄芩

石羔　升麻　水煎服一方有竹葉

腎咳

腎咳之状。咳則腰背相引而痛。甚則咳涎。按腎系於腰背。其脉貫脊。故咳則相引而痛。腎主五液。其脉直者。入肺循喉嚨。故甚則吐涎。此因外寒入腎所致也。仲景治以麻黄附子細辛湯。腎與膀胱為表裡。腎属少陰。膀胱属太陽。故以麻黄散太陽之寒。附子温少陰之經。以細辛腎家表藥。聨属其間。寒去而咳自止矣。

麻黄附子細辛湯

麻黄　附子　細辛　水煎服

大腸咳

肺咳不已。則大腸受之。大腸咳状。咳則遺屎。按肺與大腸為表裡。久咳肺虚。津液内竭。移熱大腸。故遺屎也。遺屎即泄瀉也。泄瀉。即氣脱也。病属危候。仲景治以赤石脂禹餘糧湯。赤石脂体重酸濇。直入下焦陰分以益氣。禹餘糧甘平性濇。能治咳逆下痢以固脱。李先知云。下焦有病人難會。須用餘糧赤石脂。其即此症也歟。如服之不已。四苓散主之。

赤石脂禹餘糧湯

赤石脂　禹餘糧　等分研末煎服

小腸咳

心咳不已。則小腸受之。小腸咳状。咳而失氣。氣與咳俱失。按心與小腸為表裡。小腸之下。即大腸也。大腸之氣。由於小腸之化。若久咳心移熱於小腸。其氣下行。故咳則失氣。甚則氣咳俱失矣。失氣者。出濁氣也。仲景治以芍藥甘草湯。白芍酸收苦泄。能行营氣。甘草温散甘緩。能和逆氣。氣調而咳止矣。丹溪云。此不治之治。乃所以深治之也。

芍藥甘草湯

白芍　甘草　水煎服

胆咳

肝（胆）咳不已。則胆受之。胆咳之狀。咳嘔苦汁。按肝與胆相為表裡。胆系於肝。內藏青汁。清虛之府也。若久咳肝移熱於胆。其液外溢則口苦。其氣逆胃則嘔苦矣。仲景治以黃芩加半夏生薑湯。黃芩苦寒。平少陽之火。白芍酸寒。斂厥陰之氣。草棗甘平。和中焦之土。加半夏之辛溫者以止嘔。生薑之辛熱者以散逆。大平嘔止。咳自已矣。

黃芩加半夏生薑湯

黃芩　白芍　甘草　大棗
半夏　生薑　水煎服

胃咳

脾咳不已。則胃受之。胃咳之狀。咳而嘔。嘔甚則長虫出。按脾與胃相為表裡。胃主納穀。脾司運穀。若久咳。脾移邪於胃府。其氣逆而不舒。故作嘔。長虫居胃之中。因飲食之濕積而生者也。嘔甚則隨氣而上出矣。仲景治以烏梅丸。虫得酸則伏。故用烏梅。得苦則安。故用連柏。得溫則止。故用薑椒。更用辛歸潤其肝腎。桂附補其真火。人參助其中土。安虫即所以安胃也。胃和則咳已矣。

烏梅丸

烏梅　黃連　黃柏　乾薑　花椒
當歸　細辛　桂枝　附子　人參

十味各研末。以苦酒漬烏梅一宿。去核。飯上蒸熟。和藥為丸桐子大。每服十丸。米飲下

膀胱咳

腎咳不已。則膀胱受之。膀胱咳狀。咳而遺溺。按腎與膀胱為表裡。膀胱乃津液之府。主氣化者也。若久咳。腎移邪於膀胱。氣化失常。故咳而遺溺也。仲景治以

白芍　甘草　大棗

[illegible]

黄芩加半夏生薑湯

半夏　生薑
黄芩　白芍　甘草　大棗

[illegible]

當歸　細辛　桂枝　附子　人參
蜀椒　黃連　黃柏　乾薑　烏梅

烏梅丸

[illegible]

茯苓甘草湯。茯苓甘温淡滲。能去腎邪以治咳逆。桂枝辛甘温経。能調営衛以入膀胱。甘草甘平温潤。能壮三焦以充元氣。成無已云。茯苓甘草之甘。益津液而和衛。桂枝生薑之辛。助陽氣而袪邪。邪去咳止。遺溺自平矣。

茯苓甘草湯

茯苓　桂枝　甘草　生薑　水煎服

三焦咳

久咳不已。則三焦受之。三焦咳状。咳而腹満。不欲飲食。按久咳。則上中下三焦倶病。出納升降。皆失其和。且三焦火衰不能生土。故腹満不能飲食也。錢仲陽治以異功散。人参甘温。大補元氣為君。白朮苦温。燥脾益氣為臣。茯苓甘淡滲湿瀉熱為佐。甘草甘平。和中培土為使。加陳皮之辛苦者。理滞散逆。令氣足脾運。飲食自強。餘臟受蔭。不治咳而咳自平矣。

異功散

人参　白朮　茯苓　甘草　廣皮

水煎服有痰加半夏名六君子湯

冒風咳嗽

冒風咳嗽者。脉浮緩。有汗。鼻酸。流涕。咽痒。或嚏。按脉浮為風。緩為風。象風傷於衛。先入肺經。肺受風邪。其氣上逆於脳。則鼻酸流涕。有汗者。陰弱而肌膚不密也。或嚏者。陰遏而陽氣欲升也。咽痒者。風鬱化熱。熱生火。火生痰。而清粛之令不下降也。百問治以荊防飲。荊防透表疎風。胡杏開胸下氣。甘桔清咽利膈。芎蘇和血解肌。葱白通陽去悪。更立加減法於後。

荊防飲

荊芥錢五防風二錢杏仁錢五前胡一錢
桔梗五分甘草三分川芎五分蘇葉一錢
葱一枚水煎服　如頭痛發熱加羌活一錢細辛三分薑一片天寒加麻

黄五分、如咽乾喉燥、加葛根二錢、黄芩五分、如不因外感、因重被厚褥壅塞、以致咽乾喉痛、濃痰頻嗽者、加葛根二錢、薄荷五分、黄芩一錢、去防風川芎前胡、如傷風日久、外邪已觧、惟痰嗽不清、肺氣未順、加紫苑一錢五分、半夏橘皮各一錢、桑皮一錢五分、去防風蘇葉川芎荊芥、如元氣素虚、易於感冒、痰嗽日久、脉虚微、不可過散、服本方一二帖、即加人參茯苓廣皮、去荊蘇芎三味、如平素陰虚火旺、曾抱痰紅者、忌用辛散汗劑、然既冒外風、不得不散、加葛根二錢、去川芎前胡、服三帖後、減葛根一錢、加紫苑二錢、桑皮一錢、并去蘇葉防風、如平素虚弱、飲食減少、痰紅頻嗽、盗汗遺精、偶感風寒、不得不暫疎觧、本方加款冬花一錢覆花一錢、葛根貝母各一錢五分、去川芎蘇葉防風桔梗、

冒寒咳嗽

冒寒咳嗽者、脉浮緊、頭疼体痛、悪寒發熱、鼻塞多嚏、涕淚吐痰、按脉浮為風、脉緊為寒、冒寒未有不冒風者也、風寒自皮毛鼻吸而入、以肺主皮毛、肺開竅於鼻也、頭体痛而悪風發熱者、風寒内鬱也、鼻吸塞而涕淚嚏痰者、風寒在腦也、百問治以羗防飲、羗活利頭体之痛、防風散肌表之邪、蘇葉入氣血以祛寒、前胡入脾肺以降氣、半夏逐痰、生薑止吐、杏仁開提肺氣、桔草載藥上浮、更立加減於後、

羗防飲

羗活一錢 防風錢五 蘇葉一錢 前胡錢五

杏仁二錢 半夏一錢 桔梗五分 甘草二分

薑一片 水煎服、 三日外、咳嗽不清、加葛根一錢五分、桑皮一錢、陳皮八分、荊芥七分、去羗活防風蘇葉、七日後、不宜再散、加紫苑一錢五分桑皮一錢、陳皮一錢、減杏仁一錢、去羗防蘇葉前胡、

痰涎咳嗽

痰涎咳嗽者。脉必滑。胸膈凝滞。氣道不宣。按脉滑為痰。痰滞於胃。則胸膈凝滞。痰鬱於肺。則氣道不宣。王隱君云。因嗽而痰在肺金。因痰而嗽在脾胃。治以化痰湯。橘紅辛苦順氣。半夏辛温逐痰。茯苓甘淡滲湿。甘草甘潤和中。杏仁甘苦以開肺經。生薑辛散以調胃滞。桔梗辛苦以利胸膈。如因風熱者。加前胡蘇葉荆芥。如因痰火者。服滚痰丸一錢。喉中作聲者。一味白前湯。臨症酌用。

化痰湯

橘紅一錢 半夏一錢 茯苓錢五 甘草五分

杏仁七粒 桔梗六分 生薑一片

水煎服 一方有枳殼四分

虛火咳嗽

虛火咳嗽者。脉虛弱微数。或浮弦無力。痰涎清薄。咳時面紅氣喘。咽乾喉痒。口臭煩渴。飲食減少。按虛火非火不足也。因元氣虧損。三焦之火。乘虛炎上。肺為火灼。則氣逆嗽痰。以致有面紅等症。景岳治以二母湯。麦冬生地知母。滋金水之化源。茯苓牛膝車前。導火氣以歸下。肺令肅清。則咳嗽頓緩。更以貝母清痰紫菀順氣。而三焦之火亦平。此壯水以制陽光之一法也。

二母湯

知母 貝母 生地 麦冬

茯苓 牛膝 車前 紫菀

水煎服 氣虛加人參

肺虛咳嗽

肺虛咳嗽者。六脉虛微濇弱。外則無風惡風。不寒畏寒。内則氣怯息短。形羸自汗。咳吐清痰。按肺為五臟之華蓋。居高象天。統領周身之元氣者也。肺虛則腠理不密。故氣短自汗。肺虛則陽氣自衰。故畏寒惡風。法宜補正。百問治以參棗湯。人參補宗。黄芪補衛。白术補營。三氣得補。則精神漸復。而嗽亦安。合棗仁

茯苓養肝血以寧神。則元氣自固。加桑皮陳皮者。因氣逆作嗽。用之清本經之濁氣也。

参朮湯

人参 錢五 棗仁炒三錢 黄芪 錢五 白朮 一錢
茯苓 一錢 桑皮 五分 陳皮 三分 炙草 三分

水煎服

肺燥咳嗽

肺燥咳嗽者。脉虚数而濇。咳則喉乾音啞。煩渴引飲。痰結便秘。肌膚枯索。按肺屬金。金性喜潤。潤則生水以滋腎火。若本体一燥。則水源先竭。火無所制。金受火尅。則氣逆咳嗽。以致有喉乾等症。法宜潤燥。百問治以松菊飲。松子甘凉滋肺。紫貝辛苦利氣。菊花辛凉清熱於上。枇杷甘苦降火於下。以牛膝之酸苦和肝。知母之甘寒壮水。令燥金滑利。以泄尅尅之勢。其嗽自平。

松菊飲

松子仁 三錢 菊花 五分 紫苑 錢五 貝母 錢五
知母 一錢 牛膝 一錢 枇杷葉 去毛 五分

水煎服如氣浮加蘇子一錢五分橘紅一錢杏仁一錢五分

肺脹咳嗽

肺脹咳嗽者。人迎脉弦急。氣口脉弦緊滑数。偏左。則左体不能貼席。偏右。則右体不能貼席。貼席則喘嗽不止。此氣脹也。按肺有二十四竅。以應二十四氣。統領周身之元氣者也。肺虚不能宣布於外。而反逆行於內。諸竅滯塞。其氣不運而發脹。脹則中府雲門兩脇之經絡。皆不能調利。是以喘嗽不止也。景岳治以紫苑湯。紫苑潤肺寛胸。貝母清痰開鬱。桑皮瀉本経之濁。蘇子散浮逆之邪。橘紅和中下氣。車前導火下行。更立加減於後。

紫苑湯

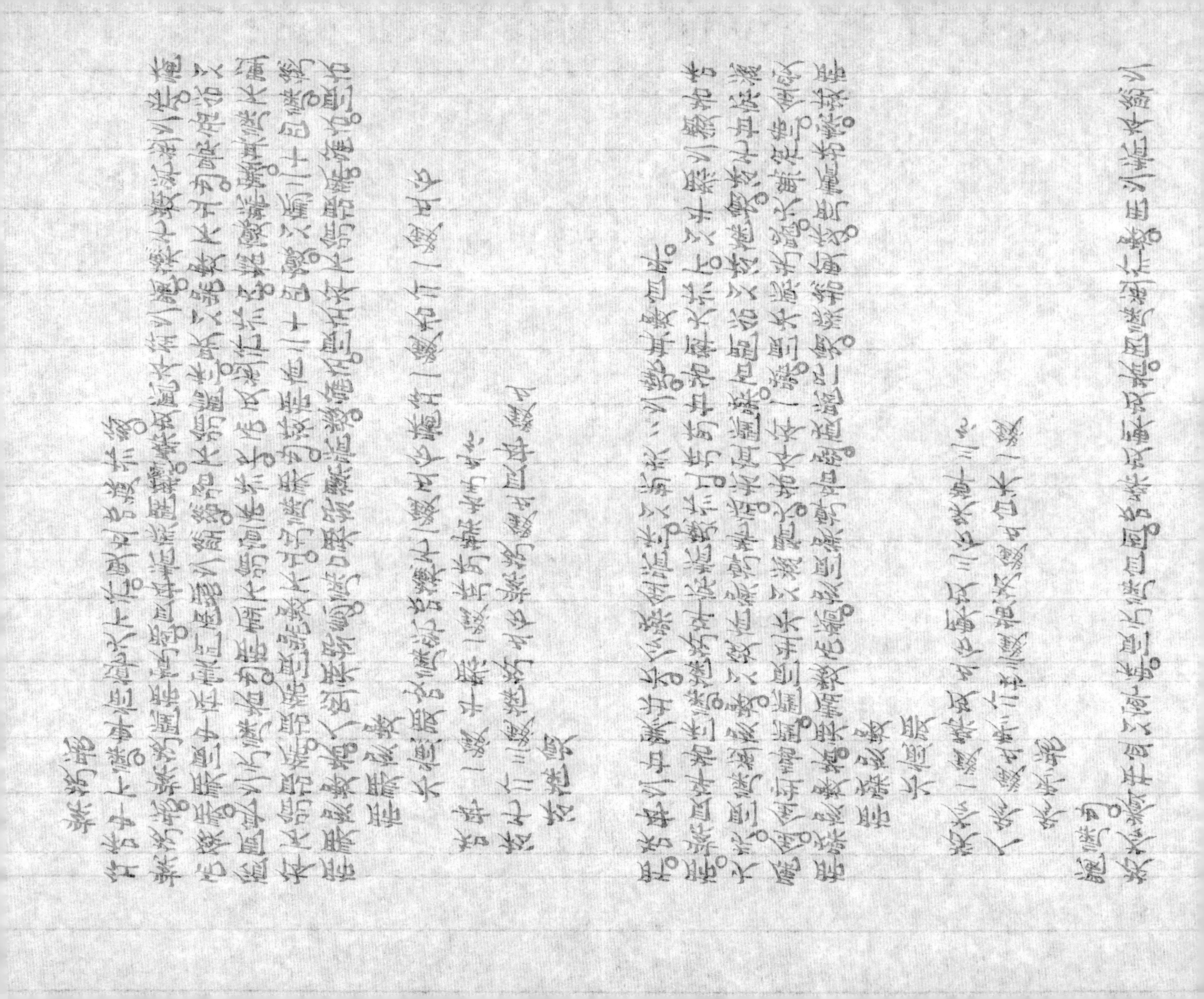

紫菀三錢 貝母二錢 桑皮錢五
蘇子錢五 橘紅一錢 車前一錢
水煎服 如氣虛脉微加人參麦冬減紫菀一半去桑皮蘇子 如虛熱內
盛加麦冬二錢 知母一錢

氣虛咳嗽

氣虛咳嗽者。自覺氣從臍下逆上而咳嗽也。此肺虛不能下生腎水。腎虛不能収氣歸元。水不制火。虛火上浮所致也。蓋肺屬金。腎屬水。金能生水。呼吸相通。子母臟也。母病則子亦病。法宜子母相顧為主。集解治以補肺湯。脾為肺母。氣為水母。故用參芪。腎為肺子。子虛盜母。故用熟地。咳則傷氣。以五味歛之。咳由火盛。以桑皮瀉之。紫菀潤肺補虛。白蜜甘滑滋燥。令金旺水生。咳嗽自止。劉宗厚云。此方仿六味丸例良法也。六味丸亦主之。

補肺湯

人參一錢 黄芪一錢蜜炒 熟地二錢 五味子炒一錢
桑皮二錢蜜炒 紫菀一錢 白蜜一匙 水煎服

肺火咳嗽

肺火咳嗽者。咽乾口燥。喉中氣哽。按肺屬金。金空則鳴。金實則啞。咳嗽者。金受火灼也。火盛則津枯。津枯則氣哽。哽者。礙滯不舒也。錢仲陽治以補肺阿膠散。阿膠清肺滋腎。益血補陰。杏仁潤燥散風。降氣止嗽。馬兜鈴清熱瀉火。牛蒡子利膈滑痰。火退而嗽寧矣。土為金母。故加甘草粳米以益脾元。李時珍云。此方清火降氣。瀉之即所以補之。若耑於補肺。適以助火而益嗽也。

補肺阿膠散

阿膠炒一两五錢 杏仁去皮尖七錢 馬兜鈴焙一两 牛蒡子炒一两
甘草炙一两 糯米一两 研末每服三錢開水下

痰血咳嗽

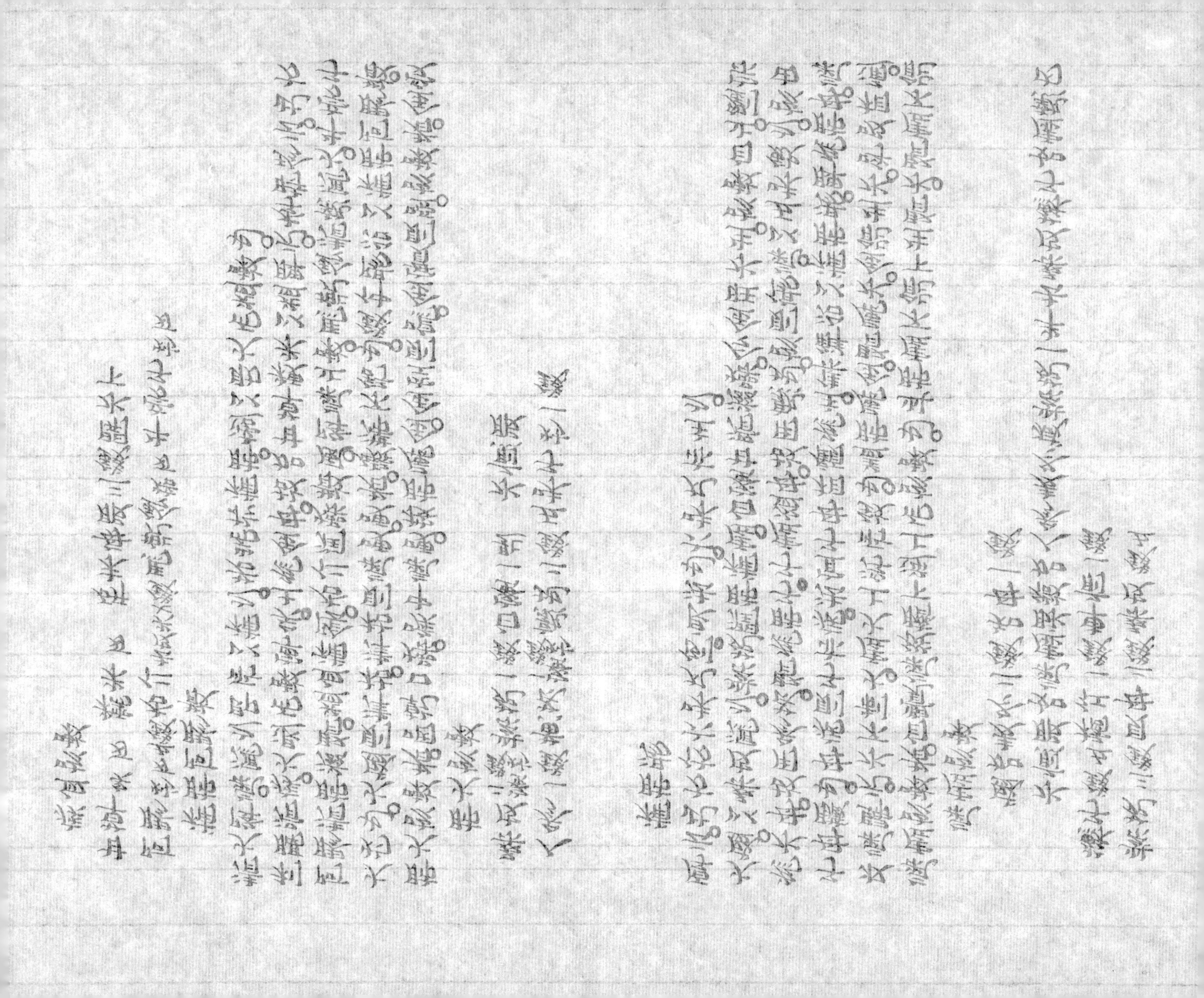

痰血咳嗽者咽痛喘咳。痰中有血。按肺金受傷。則腎水之源絶矣。腎脉挾咽。虚火上炎。故咽痛。肺為腎母。陰火上浮。故咳喘。痰因火生。血因火逼。故吐血也。趙戢庵治以百合固金湯。百合保肺安神。二地補腎滋水。麦冬清熱潤燥。元参去浮火。以生水。貝母散肺鬱以除痰。歸芍養血兼養肝陰。甘桔清金。功成上部。皆用甘寒。治本。不以寒苦傷生。良方也。若久嗽吐血成勞。及肺痿變癰者。海藏紫苑湯主之。

百合固金湯

百合一錢 麦冬錢五 生地二錢 熟地三錢 桔梗八分

當歸一錢 貝母一錢 元参八分 甘草一錢 白芍炒一錢

水煎服

紫苑湯

紫苑洗炒一錢 阿膠炒一錢 知母一錢 貝母一錢 桔梗五分

人参五分 茯苓五分 甘草五分 五味子十二粒

水煎服一方加蓮肉

肺痿咳嗽

咳嗽有聲嗄不出。或寒或熱。骨蒸自汗。肢体倦怠者。此肺痿也。按肺或寒或熱者。陰陽不和也。自汗倦怠者。心脾兩虚也。咳嗽不止者。陰火乘肺也。聲嗄不出者。火鬱灼金也。骨蒸不退者。陰血将枯也。直指治以秦艽扶羸湯。秦艽柴胡。走表兼清裏熱。鱉甲地骨。滋血並退骨蒸。参草補氣。當歸和血。紫苑理痰嗽。半夏發聲音。表裡交治。氣血兼調。為扶羸之良劑。

秦艽扶羸湯

秦艽錢五 柴胡二錢 人参錢五 當歸錢五 鱉甲錢五

紫苑一錢 半夏一錢 甘草炙一錢 地骨皮錢五

薑一片 棗二枚 水煎服

[illegible]

[illegible]

[illegible]

[illegible]

[illegible]

煩熱咳嗽

咳嗽有五心煩熱。四肢怠惰。咽乾自汗。食少或日晡發熱者。此虛勞客熱之候也。咳嗽肺火也。自汗陽虛也。食少胃弱也。晡热肺虛也。倦怠脾衰也。咽乾水虧也。五心煩熱。是心火陷於脾土之中。而不升發也。謙甫治以黄芪鱉甲散。鱉甲天冬芍地知母。滋腎水而瀉肺肝之火。以養陰。黄芪人参桂苓甘草固衛氣而補脾肺之虛。以助陽。桑皮桔梗瀉肺熱。半夏紫菀理痰嗽。秦艽清內熱。以除蒸柴胡解肌熱。以升陽。共成表裡氣血交治之功。

黄芪鱉甲散

黄芪五錢 鱉甲五錢 天冬五錢 生地三錢五 白芍三錢五
人參錢五 知母三錢五 桂枝錢五 茯苓三錢 甘草三錢
桑皮三錢 桔梗錢五 半夏三錢五 秦艽三錢 紫菀三錢五
柴胡三錢 地骨皮三錢

研末每一兩水煎服衛生減桂芍地骨皮名人參黄芪散治同

風勞咳嗽

咳嗽有脉来細數午後壯熱。骨蒸。肌瘦頰赤。盜汗者。此風勞也。按脉細為虛。脉數為熱。風屬陽邪。在表則表熱。在裡則裡熱。附骨則骨蒸。午後熱甚者陰虛也風火相搏則咳嗽。蒸久血枯則肌瘦。虛火上炎則頰赤。陰血內虧則盜汗。謙甫治以秦艽鱉甲散。風熱非秦柴不能驅。骨蒸非青蒿不能退。知母滋陰。當歸和血。地骨皮散表清裡。止汗除蒸。烏梅甲入陰出陽。歛熱固肺。良方也。

秦艽鱉甲散

秦艽五錢 鱉甲一兩 知母五錢 當歸五錢
青蒿三錢 烏梅一个 柴胡蜜炒 地骨皮一兩

研末每五錢水煎服汗多加黄芪二錢

脾腎咳嗽

趙養葵云。有脾胃先虚。土不制水。水泛為痰。子来乘母而嗽者。又有初嗽起於心火刑金。因誤服寒凉。以致脾土受傷。肺氣益虚而嗽者。此是火位之下。水氣承之。子不救母。腎水復火之仇。寒水挾木勢而上侵於肺胃。謂之水冷金寒。粗工不達此義。尚謂痰火难除。寒凉倍進。豈不殆哉。斯時須用七味湯。以補土生金。八味丸以補火生土。此等治法。幸同志者加意焉。

加味六君子湯

人參　白术　茯苓　半夏
廣皮　甘草　炮薑　水煎服

八味丸

熟地　山藥　山萸　茯苓
丹皮　澤瀉　附子　桂枝
研末蜜丸空心開水下三錢

脾腎喘嗽

咳嗽有早間吐痰甚多。夜間喘急不寐者何也。按早間多痰。乃脾虚飲食所化。夜間喘急。乃肺虚陰火上衝。東垣治以加味補中益氣湯。參术補土生金。麦味保肺滋腎。升柴升清降濁。當歸和血。甘草調中。廣皮理氣。令脾胃運而痰嗽自平。更以六味丸之地黄補水。山萸固氣。山藥益精。茯苓滲濕。丹皮瀉火。澤瀉去邪。加麦冬五味以滋化源。令子母相顧。其喘自安。大法也。

加味補中益氣湯

人參　白术　當歸　甘草　麦冬
廣皮　升麻　柴胡　五味子　水煎服

加味地黄丸

熟地　山藥　山萸　丹皮
澤瀉　茯苓　五味　麦冬

研末蜜丸空心開水下三錢

咳嗽吐食

咳嗽有吐痰與食俱出者。此飲食失節。積於脾胃。肝氣不能疎達。而肺經又感外邪所致也。盖肝屬木而行濁道。肺屬金而行清道。清濁相干。金不制木。木来侮土。故咳嗽而吐食也。準繩治以加味二陳湯。半夏和胃。陳皮理滯。茯苓下氣。甘草調中。加木香泄肺疎肝。細辛散風去濕。杏仁降逆行痰。乾薑止嘔定吐。令肝肺和。則脾胃運。嗽吐自平矣。

加味二陳湯

半夏錢五 橘皮一錢 茯苓一錢 甘草四分
杏仁一錢 木香五分 細辛五分 乾薑三分

水煎服一方有枳殻五分若食積痰嗽發熱者二陳湯加萎仁萊服子山查麦芽神曲

寒火咳嗽

寒火咳嗽者。口吐清痰。咽喉作癢。癢則咳嗽。痰去嗽止。少頃復嗽。按口吐清痰者寒也。寒即水也。咽喉作癢者火也。火即氣也。寒水伏於內。火氣逆於外。寒火相争。升降失常。呼吸不利。故咳嗽也。醫方治以芩薑飲。乾薑辛熱散寒。黄芩苦寒瀉火。半夏辛温逐痰。茯苓甘淡滲水。杏仁甘苦下氣。橘紅辛苦理滯。甘草甘潤和中。令寒火俱散。其嗽自平。

芩薑飲

乾薑 黄芩 半夏 茯苓
橘紅 杏仁 甘草 水煎服

上半日咳嗽

上半日咳嗽者。此胃火干肺。陽旺也。按上半日屬陽。胃屬陽明。胃中有火。火氣上薫於肺。肺受火爍。謂之母食子氣。故咳嗽也。丹溪治以清胃湯。知母石羔甘

寒清胃。黄芩梔子苦寒降火。杏仁貝母。辛苦以舒肺氣。茯苓甘草。甘淡以和中土。加桔梗辛苦以利咽喉。橘紅辛溫以宣膈滯。此治午前咳嗽陽旺之繩尺也。

清胃湯

知母　石羔　黄芩　山梔　杏仁
貝母　茯苓　甘草　桔梗　橘紅

水煎服

下半日咳嗽

下半日咳嗽者。此肝火犯肺。陰虛也。按下半日屬陰。肝屬厥陰。肝虛則熱。熱氣上浮於肺。肺受熱邪。謂之木扣金鳴。故咳嗽也。丹溪治以養陰湯。陰虛由於血弱。補以芍地芎歸。木燥由於水虧。滋以黄柏知母。加麦冬天冬。清金益水。蔞仁貝母蕩熱舒肺。陰血足則咳嗽平。此治午後咳嗽補陰之繩尺也。

養陰湯

地黄　當歸　川芎　白芍　黄柏
知母　麦冬　天冬　蔞仁　貝母

水煎服一方加竹瀝薑汁

五更咳嗽

東垣云。人至秋冬五更咳嗽連聲。天曉漸止。口苦脇痛。心痞臥驚。筋攣肢痛。嘔噫痰涎。神昏呵欠。食少者。此風寒在經也。按秋冬肅殺時也。咳嗽邪入肺也。發於五更者。陽氣上升也。天曉漸止者。逆氣方舒也。口苦脇痛痞驚肢攣者。風入肝經也。噫涎痰沫。呵欠食少者。木來尅土也。治以麻黄蒼朮湯。麻黄羌活。清肺搜肝去邪。柴胡防風。升陽鼓胃利脇。蒼朮草蔻。開痞除痰進食。黄芪當歸。補氣養血舒筋。生草炙草。瀉火和中益土。黄芩五味。斂氣利膈止嗽。良方也。

麻黄蒼朮湯

麻黄八錢　蒼朮五錢　黄芪錢五　草豆蔻六分　柴胡五分　羌活五分

生甘草四分當歸四分防風四分羌草三分黃芩三分五味子九粒

研末分作二服水煎一盞臨卧服

五更咳嗽

咳嗽發於五更時者。此胃中有食積也。按飲食入胃。上輸於脾。脾氣散精於肺。乃常道也。若食積生熱。熱積生火。火氣流入肺中。故咳嗽也。其在五更者。以斯時陽氣上升也。丹溪治以加味二陳湯。半夏和胃。茯苓滲濕。橘紅理滯。甘草和中。加杏仁降氣。神曲消食。麦芽化積。桔梗寬胸。知母清金降火。骨皮瀉熱補虛。此治五更咳嗽之繩尺也。

加味二陳湯

半夏　茯苓　橘紅　甘草　杏仁

麦芽　神曲　知母　骨皮　桔梗

水煎服

黃昏咳嗽

咳嗽發於黃昏時者。此火浮於肺也。按肺屬金而惡火。肺有竅而向下。時至黃昏。肺竅將閉矣。竅欲閉而胃府之火上浮。是金被火熖。故咳嗽也。丹溪云。黃昏嗽者。不宜正用寒凉。法當歛而降之。治以五味訶子湯。訶子降火歛肺。五味収氣除熱。杏仁下逆潤燥。茯苓利竅止嗽。甘草和胃調中。桔梗清咽利膈。橘紅理氣消痰。此治黃昏咳嗽之準繩也。若因寒嘔吐者。本方去五味訶子。加半夏乾姜。

五味訶子湯

五味子　訶子　杏仁　茯苓

桔梗　甘草　橘紅　水煎服

咳嗽連聲

咳嗽連聲不止。止後又連聲咳嗽。甚至口鼻出血者。此氣逆而血亦逆也。按肺屬金。喜温畏熱。氣多血少。或外感風邪。或内傷飲食。或勞力不節。以致氣逆動

血。故連聲不止而咳嗽也。完素治以花參飲。人參貝母。舒氣補氣。麥冬、天冬。生津益津。芩連桑皮。清火瀉熱。阿膠當歸。養血和陰。桔梗開提氣血。五味滋生化源。甘草調和中土。良方也。稚子多有此病。

花參飲

人參　貝母　麥冬　天冬　黃芩　黃連

桑皮　阿膠　當歸　桔梗　五味子　甘草

水煎服

乾咳嗽

咳嗽有乾咳無痰者。此痰鬱其火。邪在中焦也。按痰因火生。火因痰結。痰火兩鬱。滯於中焦。以致肺氣不宣。金受火爍。故乾咳也。丹溪治以桔梗湯。桔梗開提肺氣。杏仁降逆行痰。山梔解三焦之鬱火。蔞仁蕩胸中之鬱熱。貝母散結去邪。知母清金潤燥。石羔瀉火解肌。此治乾咳無痰之繩尺也。丹溪又云。乾咳嗽者。極難治。或用逍遙散以開之。補陰湯亦主之。如不已。即成勞也。其危候乎。

桔梗湯

桔梗　杏仁　山梔　蔞仁

貝母　知母　石羔　甘草

水煎服一方有海浮石青黛黃芩無石羔研末為丸噙化

補陰湯

生地　白芍　當歸　川芎

黃柏　知母　竹瀝　水煎服

逍遙散

當歸　白芍　柴胡　茯苓　丹皮

白朮　甘草　薄荷　山梔　水煎服

虛勞乾咳

乾咳有聲無痰。火乘金燥也。悞用苦寒。祇傷脾土。金無生氣。难以成功。丹溪治以瓊玉膏。地黄滋水則火息。人參補氣則肺強。茯苓下降則肺平。白蜜潤肺則不燥。久服成功。

瓊玉膏

地黄　人參　茯苓　白蜜

肺熱咳嗽

肺熱咳嗽者。咽喉乾痛。鼻出熱氣。痰濃腥臭。按肺金屬清虛之臟。開竅於鼻。熱則痰濃腥臭。咽喉屬呼吸之閫。總統於氣。熱則乾痛無津。活人書治以加減金沸草散。風熱上壅。散以荆芥。痰涎内結。軟以旋覆。氣逆不舒。降以前胡。肺經不利。瀉以茯苓。中土不和。調以甘草。加薄荷杷葉以清熱。桑皮貝母以散鬱。杏仁桔梗以開膈。良法也。若乍寒亦嗽。乍熱亦嗽者。金沸消風散主之。

加減金沸草散

荆芥　旋覆花　前胡　茯苓　甘草
薄荷　枇杷葉　杏仁　桑皮　貝母
桔梗　水煎服一方有五味子

金沸消風散

旋覆花錢五　前胡一錢　荆芥錢五　茯苓一錢　半夏一錢
廣藿香一錢　麻黄五分　防風一錢　廣皮一錢　殭蚕一錢
炙甘草五分　蟬退一錢　羌活一錢　人參一錢　川芎一錢
研末每服三錢茶調下

暴嗽聲瘂

暴嗽聲瘂者。此寒包熱也。按肺為五臟之華蓋。居高象天。主清肅之令。而司呼吸之聲音者也。在五行屬金。其体惡熱。若熱伏於内。寒包於外。熱不得越。寒不得散。則聲瘂矣。所謂金空則鳴。金實則瘂是也。醫宗治以薑夏湯生姜辛溫。觧

[illegible]

[illegible]

[illegible]

[illegible]

[illegible]

[illegible] 人参 茯苓 白术

[illegible]

表以散外寒。細辛辛温。利竅以除浮熱。半夏辛温。開鬱以發聲音。不用清熱藥者。以寒散而熱自解。嗽平而聲自喨矣。

薑夏湯

生薑一錢　細辛五分　半夏一錢五　水煎服

久嗽聲瘂

久嗽聲瘂者。此肺焦也。按肺為相傅之官。治節出焉。六葉兩耳。少血多氣。人身之根本也。久嗽氣虚。津液枯竭。陰火上浮。肺葉焦萎。咽喉破損。失其治節。故聲瘂也。醫方治以人参固本湯。肺主氣。而氣根於腎。故肺腎為子母之臓。必以水制火。而火始不刑金也。二冬清肺熱。二地滋腎水。人参大補元氣。氣者水之母也。且人参以氣藥引之則補氣。以血藥引之則補血。氣血充。則津液足。聲瘂漸清喨矣。然危候也。

人参固本湯

人参二錢　生地四錢　熟地四錢　天冬四錢　麦冬四錢

水煎服。一方以人参易北沙参為丸服更妙

痰熱聲瘂

痰熱聲瘂者。胸悶氣逆。咳嗽面紅。按肺有二十四竅。竅空則聲清。竅實則聲瘂。其所以瘂者。因痰熱壅塞肺竅也。痰滯則氣逆胸悶。熱滯則咳嗽面紅。丹溪治以清火化痰湯。黄芩瀉火。蘇杏降氣。半夏逐痰。蔞仁蕩熱。貝母開鬱。浮石散結。橘紅宣滞。甘草和中。令痰熱解。肺竅通。其聲清暢矣。如因服凉藥而聲愈瘂者。宜薑汁調消風散。或一味薑汁湯。臨症酌用可也。

清火化痰湯

黄芩　蘇子　半夏　蔞仁　貝母

海浮石　橘紅　甘草　杏仁　水煎服

消風散

荆芥　防風　羗活　陳皮　甘草
殭蚕　蟬退　茯苓　厚朴　藿香
研末每服三錢一方有人參川芎

咳嗽無痰

潔古老人云。嗽而無痰者。此肺燥也。按肺為嬌臟。其本主氣。其体属金。其性惡熱。熱則燥。燥則嗽。嗽則無痰矣。當用辛甘以潤之。本事方治以補肺湯。地黄甘寒清燥金以瀉火。杏仁甘苦除肺熱以降氣。白蜜清凉潤臟府以通三焦。生薑辛熱解鬱結以和中。上良法也。或單用蜜煎生薑湯或蜜煎橘红湯皆可臨症酌用。如不已。補虚湯主之。

補肺湯

生地二斤　杏仁二兩　白蜜四兩　生薑二兩取汁

将生地等同搗如泥入瓦盆中置飯上蒸五七度每五更挑三匙嚥下

補虚湯

牛骨一副取髓　白蜜八兩　杏仁四兩　山藥四兩　胡桃肉四兩

将牛骨髓白蜜砂鍋内熬沸以絹帛濾去渣盛在大瓶内将山藥杏仁胡桃研末和匀以紙封瓶口重湯煮一日夜每早白湯化一匙服

咳嗽自汗

咳嗽自汗者何也。此營衛俱虚也。按汗為心液。肺主皮毛。心主血。肺主氣。血為營。氣為衛。肺金受邪。心火暴旺。以致營衛兩虚。故發熱喘嗽而自汗也。留方治以寧肺湯。人參白术茯苓甘草補氣。當歸川芎白芍生地養血。加五味麦冬清心潤肺以止汗。桑皮阿膠化痰定喘以退熱。此治自汗咳嗽之绳尺也。

寧肺湯

人參　白术　茯苓　甘草　當歸　桑皮
川芎　白芍　熟地　五味子　阿膠　麦冬

水煎服一方多川芎有北沙参

劳嗽

劳嗽者。咳嗽不止。痰多食少。肌瘦骨热。按肺为元气之本。久嗽气虚。不但肺金受伤。而脾肾亦从此虧矣。痰多骨热者。肾不纳气也。食少肌热者。脾不健运也。盖肾为肺子。脾为肺母。子母俱病。故成劳也。密斋治以参术调中汤。参芪术草补土生金。五味苓冬。保肺滋肾。骨皮退热。桑皮清火。广皮调气。更用六味丸以滋化源。脾肾交治。肺得其养。咳嗽渐平。此不易之定法也。

参术调中汤

人参 白术 茯苓 黄芪 甘草

五味子 麦冬 地骨皮 桑皮 广皮

水煎服

六味丸

熟地 山药 茯苓 山萸 泽泻 丹皮

研末蜜丸空心开水下三钱

虫嗽

虫嗽者。饥时胸中作痛。唇有白点。面有白斑。按脾胃属土。土生湿。湿生热。热生虫也。饥则胸痛者。虫动也。唇生斑点者。虫迹也。咳嗽不止者。虫啮其肺也。李中梓治以百梅汤。百部甘苦。润肺泻热杀虫。乌梅酸温敛肺清热杀虫。槟榔辛温破滞消食杀虫。虫死而肺得其安。咳嗽自平矣。气虚者。去槟榔。用使君子或雷丸臭芜荑可也。

百梅汤

百部三钱 乌梅三个 槟榔一钱 水煎服

咳嗽烦冤

内经示从容篇云。咳嗽烦冤者。是肾气之上逆也。按肾气内着。上归于母。故咳

[illegible]

[illegible]

[illegible]

[illegible]

[illegible]

[illegible]

[illegible]

[illegible]

[illegible]	[illegible]	[illegible]	[illegible]	[illegible]	[illegible]

[illegible]

[illegible]

[illegible]	[illegible]	[illegible]	[illegible]	[illegible]
[illegible]	[illegible]	[illegible]	[illegible]	[illegible]

[illegible]

[illegible]

[illegible]

[illegible]

嗽煩冤。謂之腎氣上逆。吳鶴皐云。腎虛而龍大獨亢。則乘金而為咳嗽煩熱冤苦。此虛癆之候也。仲景治以八味丸。地黃滋腎。山藥固脾。山萸溫肝。茯苓清肺。丹皮凉血。澤瀉降濁。加桂附引大歸源。六經備治。功成於腎。乃千古之良法也。安腎丸亦主之。臨症者其通變乎。

八味丸

熟地 山萸 山藥 茯苓

丹皮 澤瀉 附子 肉桂

研末蜜丸空心開水下三錢

安腎丸

肉桂一兩 桃仁六兩 白蒺藜炒六兩 巴戟六兩 山藥六兩 破故紙五兩

茯苓六兩 石斛六兩 肉蓯蓉六兩 萆薢六兩 白朮六兩 川烏炮六兩

研末蜜丸空心鹽湯下二錢

陽虛咳嗽

醫貫云。一男子五十餘歲。病傷寒咳嗽。喉中聲音如鼾。此陽虛也。與獨參湯一服而鼾聲頓除。至三服後。咳嗽亦漸退。服參至三斤。病始全愈。

獨參湯

人參三錢 水煎服

陰虛咳嗽

衍義云。有暴嗽服諸藥不効者。此陰虛也。或教以進大兎絲子丸方愈。脊本有標。却不可以其暴嗽而疑驟補之非。所以易愈者。亦覺之早故也。

大兎絲丸

兎絲子三兩 補骨脂五錢 肉桂五錢 熟地三兩 茯苓三兩

山萸肉三兩 蓽澄茄五錢 附子五錢 鹿茸一兩 牛膝三兩

石龍芮二兩 肉蓯蓉三兩 石斛三兩 澤瀉三兩 續斷三兩

五味子五錢桑螵蛸五錢防風一兩杜仲三兩沉香五錢
覆盆子五錢巴戟天三兩茴香三兩川芎五錢
研末酒煮麪糊丸桐子大每服三錢空心鹽湯下
吃醋搶嗓咳嗽不止用甘草二兩去皮作二寸段劈開用猪胆五枚取汁
浸三日取出火上炙乾為細末煉蜜丸桐子每服四十丸臨卧茶下
吃鹹傷肺哮嗽不止用白麪二錢砂糖二錢水調和匀作餅放在炉内煤
熟剷出另用軽粉四錢微炒将餅切作四亞掺軽粉在内吃盡吐出病根
即愈

脉候

咳嗽脉虚必苦冒　脉微急為吐血　弦濇為少血
脉滑為痰　濇為房勞　右関濡為傷脾
左関弦為傷脾　浮短為傷肺　脉沉不可發汗
浮而濡者易治　浮軟者生　實大數者死
脉濇四肢寒者死　沉緊者死　沉小伏匿者死
嘔腹满泄脉弦急欲絶者死　羸瘦脉形堅大者死
脱形身熱脉小堅急疾逆不過十五日死

哮喘論

哮以聲响名。喘以氣息言。喘促喉中如水雞聲者曰哮。氣促連聲不能息者曰喘。皆由痰火内鬱。風寒外感所致也。其因衆多。究不越乎火逆上。而氣不降也。考古今方論。巢氏以肺主氣。為陽氣之所行。通榮藏府。故氣有餘。俱入於肺。或為喘息上氣。或為咳逆。而嚴氏謂人之五臟。皆有上氣。以肺為之總由肺為五臟之華蓋。或感外邪。則生喘病。惟河間原病式。以喘病叙於熱淫條下。謂火熱為陽。主乎急數。故熱則息數氣粗而喘。内經云。諸逆衝上。皆屬於火河間得其旨矣。王海藏云。肺氣果盛則清肅下行。豈復為喘。皆以火爍真氣。氣衰而喘。所謂盛者。非肺氣也。肺中之火也。斯言高出前古。丹溪云。虚火可補。實火可瀉。陰火乘金。法宜壯水。風寒入肺。治在疎邪。濕氣者。利其水。暑邪者。滌其煩。肺熱者。清其上。痰壅者消之。飲停者吐之。氣鬱者疎之。肺脹氣逆。利水散邪。腎虚火炎。導龍入海。腎虚水泛。逐水下流。見症不一。治法多端。活變靈通。斯稱善手。諸喘其為惡候乎。

風寒喘

風寒作喘者。兩寸脉浮緊。或浮滑。涕淚交流。鼻息不利。喘嗽并作。按脉浮為風。脉緊為寒。脉滑為痰。涕淚交流。鼻息不利而喘嗽者。風寒痰積。閉遏肺竅。而不通也。其病在肺。其邪在表。法宜疎散。百問治以杏桂湯。肺為寒滯。用生薑桂枝以散之。邪在腠理。用麻黄杏草以解之。氣喘痰結。用前胡蘇橘以消之。此治初起有餘之標病也。

杏桂湯

桂枝五分 杏仁二錢 麻黄五分 生姜二片

前胡一錢 蘇子一錢 橘紅六分 甘草三分

水煎服

寒痰哮喘

寒痰哮喘者。脉多沉小。或沉滑兼急。喘聲如沸。抬肩擷肚。坐卧不寧。按脉沉為寒。沉為在裡。滑兼急者。痰象也。此因寒痰伏於肺竅。或因風寒觸發。或因勞苦觸發。或因形寒飲冷觸發。發則喘急难安矣。百問治以薑蘇飲。寒痰內伏。温以半夏生薑。肺氣不利。瀉以桑皮杏仁。加蘇葉以散在表之風寒。橘草以降在上之逆氣。此治久病哮喘時發之主方也。

薑蘇飲

半夏錢二 生薑二片 蘇葉一錢 杏仁三錢

桑皮錢五 橘紅錢五 甘草五分

水煎服。喘定去蘇葉加蘇子一錢二分 茯苓一錢 減杏仁一錢 桑皮五分

胃痰作喘

胃痰作喘者。右寸脉沉弦滑數。氣逆痞滿。痰壅便結。日夜难卧。按脉沉弦滑數者。痰凝氣滯也。痞滿痰壅便結者。肺氣不降也。皆由濁氣上浮。胃痰不運所致也。景岳治以紅紫甘苓飲。橘紅辛苦。快膈消痰。紫苑辛温。調中下氣。貝母辛苦。散結開鬱。蘇子辛香。止嗽定喘。茯苓甘淡。滲湿利竅。甘草甘平。和脾益胃。此治胃痰實喘之主方也。如脉沉微濇弱。大便泄瀉而多汗者。此屬胃虚。去蘇子加人參。臨症辨脉為要。

紅紫甘苓飲

橘紅錢五 紫苑錢五 貝母二錢

蘇子三錢 茯苓一錢 甘草三分

水煎服一方有枳殼五分

實痰作喘

實痰作喘者。脉洪滑。舌乾口苦。腸燥便結。按脉洪為火。脉滑為痰。舌乾口苦者。心火旺而胃土有熱也。腸燥便結者。肺氣逆而大腸無液也。痰火壅滯。故作喘也。百問治以紅連飲。橘紅辛苦。宣滯化痰。黄連苦寒。瀉熱清火。蘇子辛苦。下氣

定喘。貝母辛寒。解鬱散結。蔞仁甘寒。潤肺喘以寬中。茯苓甘淡。通肺氣以利竅。加甘草之甘平者以和中。此治初起有餘之痰喘也。若六脉微弱。大便泄瀉者此虛痰也。去黃連蔞仁。加麦冬桑皮紫苑。見症審治為要。

紅連飲

橘紅五分 黃連五分 蘇子一錢 貝母三錢

蔞仁一錢 茯苓一錢 甘草三分

水煎服一方有枳殼一錢如不已滚痰丸主之

氣虛作喘 陰陽二症

氣虛作喘者。六脉虛微。自汗神萎。畏熱喜冷。煩渴便秘。行動愈喘。安坐少緩。按脉虛而微者。氣弱也。自汗神萎者。肺虛也。畏熱喜冷渴秘者。陰虧也。金令失其統領之權。故喘逆也。百問治以加味参麦散。人参補正調元。麦冬除煩瀉熱。五味收氣生津。加棗仁斂汗。茯苓降逆。車前清肺。甘草調元。橘紅和滯。此專治陰虛虛喘之主方也。若惡寒喜熱。陽虛自汗者。加黃芪一錢五分。人参一錢。減麦冬二錢。六脉不起。加附子五分。助陽。如不分陰陽而悮治者即死。

加味参麦散

人参二錢 麦冬三錢 五味三分 棗仁錢五

茯苓一錢 車前五分 甘草三分 橘紅五分

水煎服如有痰加貝母一錢五分

虛寒嗽喘

虛寒嗽喘者。腰脚瘦痛。按肺屬金。腎屬水。金能生水。子母臟也。腎虛則腰脚無力而瘦痛。肺虛則氣乏痰多而嗽喘。兩腎中間為命門。相火之主。生命之原。上通心肺。火衰不能上蒸脾土。土不生金。金不生水。水火虛寒。母因子病。故嗽喘也。鄭相國治以胡桃散。胡桃屬木。能通命門。利三焦。溫肺潤腸。補養氣血。故紙屬火。能補相火。通君火。煖壯元陽。二物有木火相生之妙。氣足則肺不虛寒。血

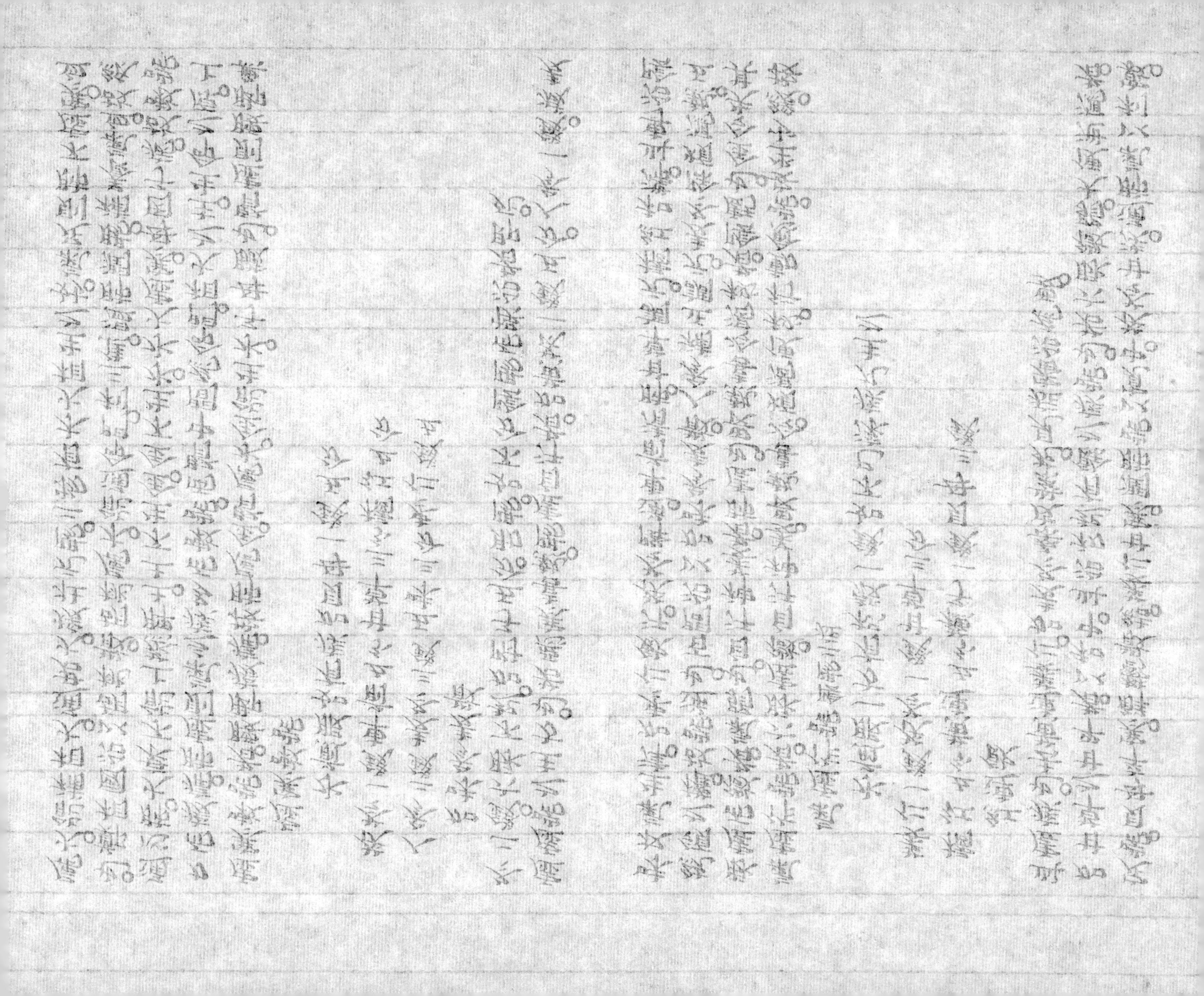

足則腎不枯燥。久服多益。不獨療喘嗽。以強腰脚已也。

胡𦱊散

胡𦱊二十两連皮研　破故紙十两酒蒸

研末蜜調膏清晨酒服一匙開水調下亦可

腎虛作喘

腎虛作喘者。六脉空浮搏手。或虛微急疾。兩尺不應無根。或心煩神躁。情志恍惚。或驚悸不寐。自汗煩渴飲冷。而大便或溏或結。此腎元不足。氣逆火炎。有升無降。水源枯涸。壯火空浮。肺金不生腎水。腎氣不納肺氣。危候也。百問治以加味腎氣丸。地萸丹澤。壯水滋肝。山藥茯苓。清金益肺。肉桂附子。導火歸陰。牛膝車前。納氣歸腎。加人參麥冬。以統補真元。此治腎虛作喘之定法也。若妄作大症痰喘治之。則死。

加味腎氣丸

熟地錢五　山萸一錢　山藥一錢　茯苓錢五　澤瀉五分　丹皮五分

人參三錢　麦冬二錢　車前五分　牛膝五分　肉桂五分　附子五分

研末蜜丸空心開水下三錢水煎服亦妙

肺脹煩喘

肺脹者。咳嗽上氣。煩躁而喘。脉浮。此心下有水氣也。按水病脉當沉。而反浮者。水氣泛溢上壅也。心下胃脘也。水氣寒温也。土不健運。則水停心下。上射於肺。致令肺氣不舒而發脹。咳嗽上氣而作喘。煩出於肺。躁出於腎。肺為腎母。腎為肺子。子病而害及於母。故煩躁也。金匱治以小青龍加石羔湯。麻黃桂枝。發汗散邪於外。細辛薑夏。温中散水於内。芍味収脹平喘。甘艸益土和脾。加石羔除煩定躁。瀉熱解肌。邪從汗泄。諸症悉平矣。

小青龍加石羔湯

麻黄　桂枝　白芍　五味

乾薑　半夏　細辛　石羔

水煎服此行水之汗劑

肺脹脫喘

肺脹脫喘者。咳嗽上氣。目如脫狀。脉浮而大。按脉浮為風。脉大為熱。咳嗽上氣者。風熱也。肺脹作喘者。氣逆也。目如脫狀者。此外邪內鬱。鼻塞竅閉。肺氣有升無降。故有口開目瞪之狀也。仲景治以越脾加半夏湯。麻黃散表邪。石羔清裡熱。甘草大棗。養正緩邪。半夏生薑。散逆下氣。風去熱除。其喘自已。考脾運水穀為胃行其津液。湯名越脾者。取發越脾氣。通行津液之義也。

越脾加半夏湯

麻黃六兩　石羔半斤　甘草二兩　生薑三兩

大棗十二枚　半夏半升　水煎服

風痰聲喘

風痰聲喘者。咳逆上氣。喉中聲如水雞。按喉中。乃呼吸之門戶。此處聲如水雞是風痰上壅而作聲也。總由肺感外邪。其竅既不下降。又不外泄。故聲喘也。仲景治以射干麻黃湯。麻黃細辛。其味溫散。用以發表祛風。射干半夏。其味寒溫用以逐痰降火。款冬紫菀。其味溫辛。用以定喘潤肺。生姜大棗。其味辛甘。用以和衛調營。此小青龍之變法也。

射干麻黃湯

射干三兩　麻黃四兩　半夏半斤　細辛三兩　款冬花三兩

紫菀三兩　五味子半斤　生薑四兩　大棗七枚　水煎服

火逆虛喘

火逆虛喘者。咳逆上氣。咽喉不利。按咽喉。肺系也。即會厭所在。呼吸所關。諸氣出入之都會也。若火逆作喘。咽喉不利。升降失常。氣浮火炎。肺虛極矣。不但金不生水。亦且土不生金。東垣所謂脾胃一虛。肺氣先絕者是也。仲景治以麥門

冬湯。麦冬甘苦。潤肺清心。人參甘温。調元固正。甘草甘平。和中益胃。枣米甘潤。補土生金。加半夏之辛滑者。以利咽下氣。此非半夏之功。實善用者之神法也。

麦門冬湯

麦冬七升 人參二两 甘草二两 大枣十二枚 粳米三合 半夏一升 水煎服

痰火作喘

痰火作喘者。喘有痰聲。乍進乍退。得食則減。食已則喘。此胃中有實火。膈上有稠痰也。得食喘減者。痰因食而墜下也。食已復喘者。火因食而反升也。世醫妄作胃虚。或用燥藥。或用補劑。則大悞矣。醫源治以清肺湯。芩梔清火瀉熱。冬貝舒鬱化痰。蘇枳利氣降逆。桑杏定喘去邪。苓橘和中理滯。加沉香升降氣血以墜痰。辰砂鎮養精神以安臓。痰散火平。其喘自已。

清肺湯

黄芩一錢 山梔一錢 麦冬一錢 貝母一錢 蘇子一錢

枳殼炒一錢 桑皮一錢 杏仁一錢 茯苓一錢 橘紅一錢

沉香五分 辰砂五分 竹瀝一匙 水煎服

陰虚作喘

丹溪云。喘有自小腹下火起而上者。此陰虚也。按小腹乃肝腎之部。肺金乃生水之源。小腹下火起上浮而喘。是腎水不生肝木。肝火上沖。而肺金不制肝木。金不生水也。治以加味四物湯。地黄滋腎瀉火。當歸養肝和血。白芍收陰歛逆。川芎潤燥調氣。加青黛清火。竹瀝瀉熱。橘紅化痰。童便滋陰。此絕法也。二冬湯六味丸亦主之。臨症酌用可也。

加味四物湯

地黄 白芍 當歸 川芎

青黛 竹瀝 童便 橘紅

水煎服

二冬湯

麦冬　天冬　桑皮　貝母

兜鈴　地骨皮　枇杷葉去毛

水煎服

六味丸

熟地　山藥　山萸　茯苓　丹皮　澤瀉

研末蜜丸空心開水下三錢

肺虛汗喘

婁全善云。喘有身汗如油。痰出如泉。脉浮而洪者。此肺虛之危候也。按身汗如油者。真氣外泄也。痰出如泉者。胃氣不納也。大喘不止者。元陽欲绝也。脉浮而洪者。以心肺居上。將脱之象也。治以生脉散。肺為氣海。補以人參。肺屬辛金。潤以麦冬。肺宜收斂。固以五味。心主脉。肺朝百脉。以此湯補肺清心。氣充汗止而喘定矣。如自汗腹滿。脉沉實而喘者。裡實也。宜下之。臨症細辨為要。

生脉散

人參二錢　麦冬四錢　五味子錢五

水煎服。喘定汗止。本方加萎仁一錢五分、白术、當歸、白芍、黄芩各一錢

肺火作喘

肺火嗽喘者。皮膚蒸熱。洒淅寒熱。日晡尤甚。按皮膚蒸熱。肺主皮毛也。洒淅寒熱。邪在膚腠也。日晡尤甚。金旺於酉也。肺苦氣上逆。故喘急也。是皆火之為患也。錢乙治以加味瀉白散。桑皮甘益元氣之不足。辛瀉肺氣之有餘。除痰止嗽。骨皮寒瀉肺中之伏火。淡泄肝腎之虛熱。涼血退蒸。甘草清火益脾。粳米清肺養胃。此瀉肺諸方之準繩也。加知母、橘皮、黄芩之苦寒辛甘者。降火定喘。良法也。

加味瀉白散寶鑑有青皮桔梗無知母

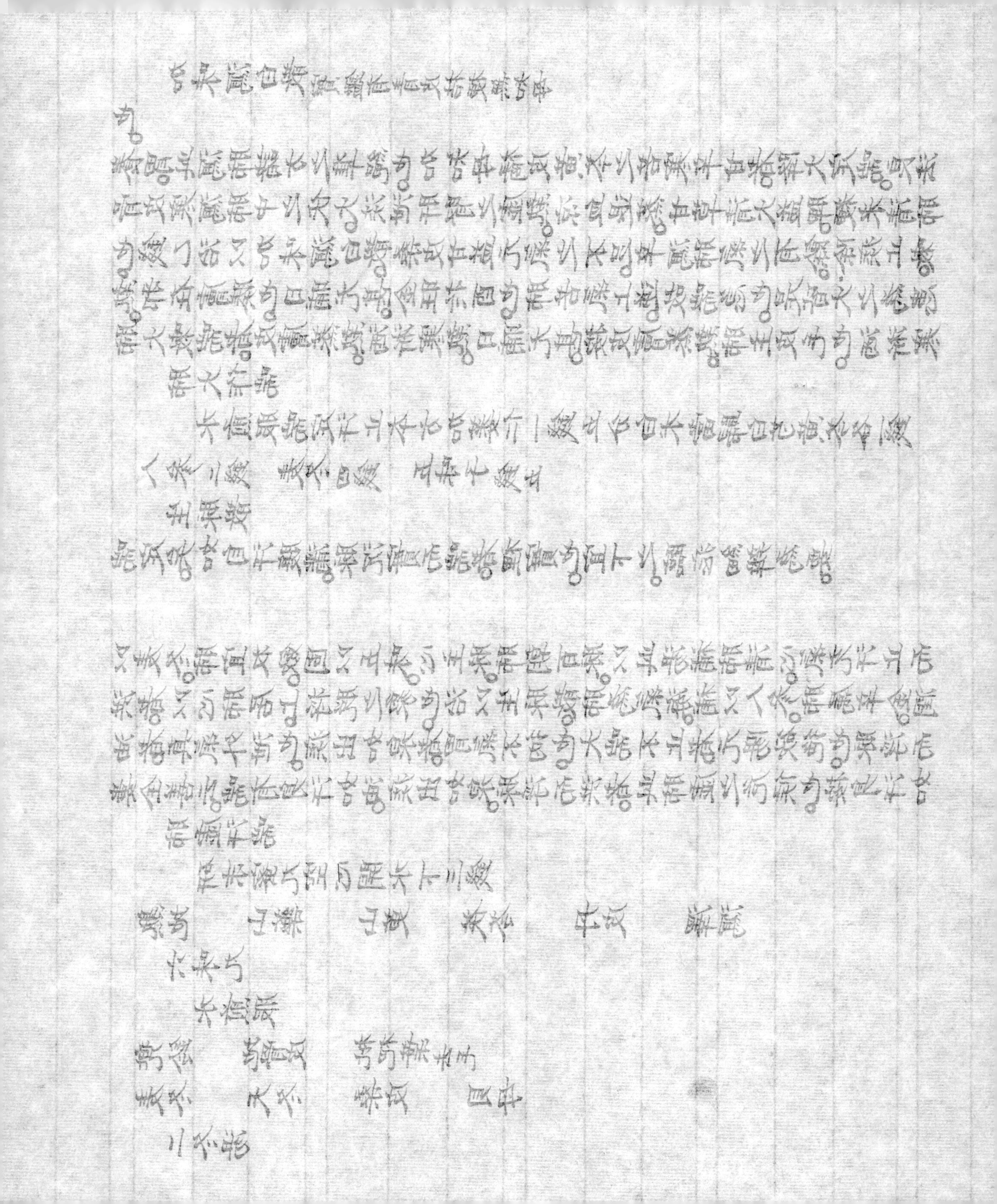

[illegible]

[illegible]

[illegible]

[illegible]

[illegible]

[illegible]

[illegible]

[illegible]

[illegible]

[illegible]

[illegible]

[illegible]

[illegible]

[illegible]

桑皮一錢　地骨皮一錢　甘草五分　粳米百粒
知母一錢　黃芩五分　橘紅五分

水煎服夏日肺火喘急者白虎湯加味主之四時風寒喘急者麻黃瀉白散主之

加味白虎湯

石羔　知母　甘草　粳米　蔞仁　黃芩

水煎服一方有枳殼

麻黃瀉白散

麻黃五分　杏仁五分　桑皮一錢　地骨皮一錢　甘草五分
薑三片水煎服

七情鬱喘

七情鬱喘者。痰涎結聚。虛冷上氣。心腹膨脹。按七情。喜怒憂思悲恐驚也。鬱久生痰。故痰涎結聚。鬱則氣逆。故虛冷上氣。心腹絞痛膨脹喘急者。此濁氣閉塞。清氣日薄。而陰陽不得升降也。局方治以四七湯。人參壯主氣之臟。官桂制謀慮之官。半夏逐痰開鬱。以通陰陽。甘草和中調氣。以平諸火。此治虛寒情鬱之繩法也。

四七湯

人參一錢　官桂一錢　半夏一錢　甘草五分
薑一片水煎服心腹痛加延胡索

七氣鬱喘

七氣鬱喘者。痰涎凝滯。咯不出。嚥不下。胸滿喘急。或咳或嘔。或攻衝作痛。按七氣寒熱喜怒憂愁悲也。氣鬱則生痰。故痰涎凝滯。氣鬱則肺逆。故咯嚥不舒。或咳或嘔。或攻衝作痛者。皆肺金失下降之令也。三因治以七氣湯。半夏除痰開鬱。厚朴降氣散滿。蘇葉寬中暢肺定喘。茯苓通心交腎益脾。鬱解氣行。諸症自

平矣。

七氣湯

半夏姜炒五錢　厚朴姜炒三錢　茯苓四錢　蘇葉二錢

薑三片棗二枚水煎服

素喘時發

素有喘疾。遇寒暄不常。發則連綿不已。夜不得卧者何也。按肺為氣海而主皮毛。竅有廿四而氣向下。初感外邪。或食酸鹹。致生痰喘。其時藥未除根。邪留竅孔。暫時平服。若遇寒暄不常。外邪與内邪。相感觸發。故喘急連綿。而夜不安卧也。醫林治以蘇沉九寶湯。麻黄、蘇葉逐邪。陳皮杏仁理滯。桑皮瀉肺清痰。薄荷祛風散熱。官桂通疏血脉。腹艸調和逆氣。喘止後。宜慎寒暑節飲食。庶可得痊。

蘇沉九寶湯

麻黄　蘇葉　陳皮　杏仁　甘草

桑皮　薄荷　官桂　大腹皮

薑三片烏梅半枚水煎服除根服苧麻湯

苧麻湯

苧麻根五錢　沙糖一兩

煮爛時時咀嚼嚥下永絶病根神效喘病不愈者以邪入肺絡之血脉也苧麻根入血分同沙糖去滯滌痰

小薊湯

小薊草一把　精猪肉四两

共煑爛去草食肉并湯治喘久時發屢效

哮病

哮與喘相似。其呼吸呀呷於喉中。呀者口開。呷者口閉。開閉有聲。此胸膈痰結於喉。與氣相繫。隨其呼吸。相擊而作哮聲也。皆由食味酸鹹。膏粱太過。不慎風

[illegible]
[illegible]
[illegible]
[illegible]
[illegible] [illegible] [illegible]
[illegible]
[illegible]
[illegible]
[illegible] [illegible] [illegible]
[illegible]
[illegible]
[illegible] [illegible] [illegible] [illegible]

[illegible] [illegible] [illegible] [illegible] [illegible]
[illegible]
[illegible]
[illegible]
[illegible]
[illegible]
[illegible]
[illegible]
[illegible]
[illegible] [illegible] [illegible] [illegible]
[illegible]
[illegible]

寒。因積成熱。因熱生痰。膠粘肺系所致也。士材治以疏痰飲。半夏逐痰。姜仁蕩熱。茯苓滲濕。蘇子降逆。枳殼破滯。防風去邪。桔梗開氣。甘草和中。冬月風甚加麻黄。夏月痰多加石羔。挾寒加薑汁。此治哮病之繩方也。

疏痰飲

半夏　姜仁　茯苓　蘇子
枳殼　防風　桔梗　甘草

水煎服一方用雞子畧敲破殼不可損膜浸尿缸内三四日清水畧洗煑熟吃以雞子能去風痰也又方用猫屎燒灰沙糖湯調服立效按哮病有寒包熱者當預於八九月未寒之時先用大承氣湯下其熱至冬寒時無熱可包自不發矣而亦有中外皆寒者當用生薑吳茱萸類温之

産前氣喘

丹溪云。姙婦有因火動胎。氣逆上喘者。此由榮衛之氣。流行失度。諸氣上併於肺。肺溢氣爭。故令喘也。蓋氣有餘。便是火。法宜調氣為主。治以黄芩散。黄芩苦寒。瀉火利氣。清熱凉血以安胎。香附苦辛。和中觧鬱。調経降逆以平喘。令氣道和。諸火降。其喘自安矣。若乍感風寒作喘者。客邪也。參蘇飲主之。若脾虚四肢無力。肺虚不任風寒。腎虚腰痠。猝然氣喘者。此脾肺素虧。腎氣不固。而上乘於肺也。生脉散。加減益氣湯主之。

黄芩散 一名芩香散

黄芩五錢　香附三錢　研末每服二錢開水下

生脉散

人参　麦冬　五味子　水煎服

加減益氣湯

人参　白术　當歸　廣皮
甘草　沉香　破故紙

水煎服一方沉香易香附

參蘇飲

人參　蘇葉　葛根　前胡　木香

茯苓　廣皮　桔梗　甘草

水煎服肺有火去人參加杏仁桑皮泄瀉加白朮蓮肉扁豆

胎息氣喘

呂滄州云。有婦胎死於腹。病喘者。其脉氣口盛人迎一倍。左関弦動而疾。兩尺俱短而離經。此病盖得之毒藥動血。以致死胎不下。奔迫上衝。故喘急也。治以大劑芎歸湯。川芎辛溫。上行頭目。下行血海。潤肝燥而補肝虛。當歸甘溫。上走心脾。下走肝腎。和血脉而調血氣。髮灰苦寒。補陰消瘀。以通関格。龟板甘平。益血滋腎。以開交骨。胎下喘止。神方也。

芎歸湯 一名佛手散

當歸一兩 川芎五錢 婦人頭髮燒灰一錢 龟板全一个 水煎服

産後氣喘

郭稽中云。産後喉中氣急喘促者。此血竭也。按血為榮。氣為衛。榮行脉中。衛行脉外。相隨上下。産時下血過多。榮血暴竭。衛氣無主。獨聚肺中。故令喘也。名為孤陽絶陰。多不治。陳無擇云。宜大劑芎歸湯。或用獨參湯。單養賢云。當以川芎當歸養血。加人參補氣生血為主。人多疑人參助喘不用。致不救者多矣。有用參加陳皮監制者。反致耗散。切不可信。若産後敗血冲心。胸滿上喘。參蘇飲主之。臨症細酌為要。

人參芎歸湯

人參三錢　川芎三錢　當歸一兩

水煎服立齋去川芎加麦冬四錢五味子二錢減當歸五錢更妙

參蘇飲

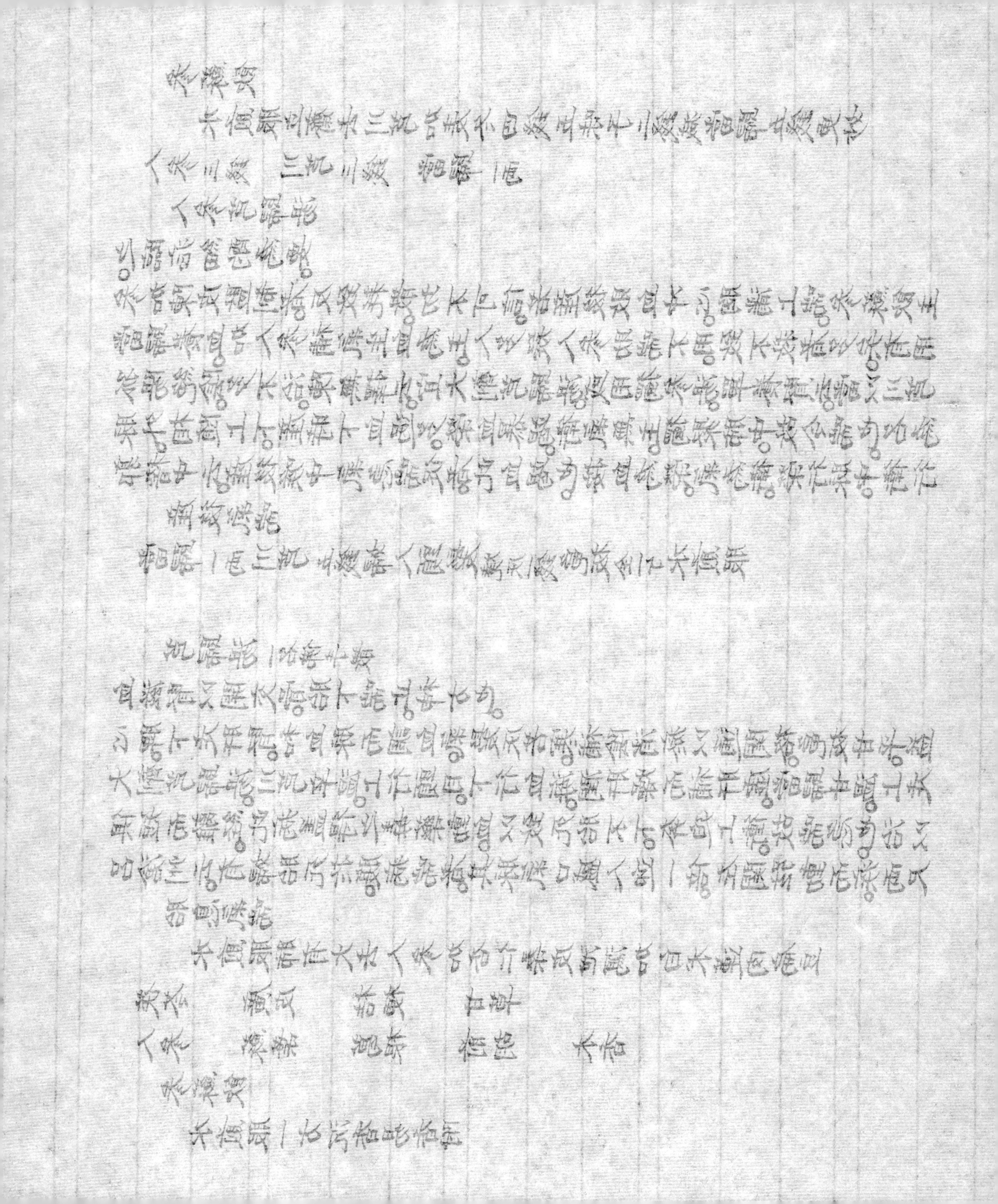

[illegible]

[illegible]

[illegible] 三[illegible] [illegible]

[illegible]

[illegible]

[illegible]

[illegible]

[illegible]

[illegible]

人参一两　蘇木二两　水煎服

薛立齋治産後喘急、謂脾肺氣弱、六君子湯中氣虛寒、補中益氣湯去升、柴、加薑、桂、更有陽氣虛脱、喘促自汗、手足俱冷者、以參附湯大劑服

論誠知本也

血汚感寒作喘

婁全善云、産後喘者多死、有産經二月後、因洗浴、即氣喘、坐不能卧、連綿五月、惡風得煖稍寬、兩関脉動、尺寸皆虛、百藥罔效、予用丹皮、桃仁活血破瘀、桂枝、茯苓、調營和衛、厚朴、枳實、下氣散满、桑皮、蘇子、瀉肺降逆、加薑味歛氣行陽、萎仁蕩熱定喘、煎服即寬、二三服得卧、其疾如失、蓋作汚血感寒治也、名曰丹桂湯

丹桂湯

丹皮　桂枝　兎仁　茯苓　厚朴　萎仁

枳實炒　蘇子　桑皮　蘇子　乾薑　水煎服

脉候

脉数有熱不卧者难治　上氣面浮肩息脉浮大者危

上氣喘息低昂脉滑手足温者生　脉澁四肢寒者死

右寸沉實而緊為肺感寒邪亦有六部俱伏者宜發散邪去喘自定

右寸沉實為肺實　左尺大為腎虛

大喘不休汗出如油者死　張口擡肩揺身滚肚者死

氣逆冲急喝喝而息数者死　大抵喘脉宜浮遅不宜急疾

[illegible] [illegible]
[illegible] [illegible]
[illegible] [illegible]
[illegible]
[illegible] [illegible]
[illegible] [illegible]
[illegible]

[illegible] [illegible] [illegible] [illegible] [illegible] [illegible]
[illegible] [illegible] [illegible] [illegible] [illegible] [illegible]

[illegible]

[illegible]
[illegible]
[illegible]
[illegible]

[illegible]

[illegible]

[illegible]
[illegible]

[illegible] [illegible] [illegible]

汗論

經云陽氣有餘。為身熱無汗。陰氣有餘。為多汗身寒。飲食飽甚。汗出於胃。驚而奪精。汗出於心。持重遠行。汗出於腎。疾走恐懼。汗出於肝。搖苦勞體。汗出於脾。血之與氣。異名同類。故奪血者無汗。奪汗者無血。腎病者寢汗憎風。由此觀之。汗本屬陰也。在內為血。在外為汗。汗者心之液也。蓋腎主五液。故汗症未有不由心腎兩虛而得者。心陽虛不能外衛而為固。則外傷而自汗。腎陰衰不能內營而退藏。則內傷而盜汗。自汗盜汗。又各有冷熱之分。因寒氣乘陽虛而發者。所出之汗必冷。因熱氣乘陰虛而發者。所出之汗必熱。雖然熱火過極。亢則害。承乃制。反兼勝己之化。而為冷者有之。此又不可不察也。平人氣象論云。尺濇脉滑。謂之多汗。膚濇者。榮血內涸。針經云。腠理發泄。汗出溱溱。是謂津脫。二經論汗。多有血涸津脫者。彼汗出髮潤。汗出如油。汗綴如珠。是謂亡陽。皆死候也。分解自汗盜汗於後。宜溫宜清宜潤宜燥宜收。治在活法。無膠柱也。

自汗

自汗者。乃陽虛有濕也。陽氣虛。不能衛護肌表。津液不固。而泄於外。故醒時溱溱然。汗出不止矣。此與傷風自汗不同。彼屬邪實。此屬表虛。醫方治以玉屏風散。黃芪甘溫補氣。耑固肌表。白术甘苦益脾。耑調肌肉。防風為風藥卒徒。而黃芪畏之。東垣云。黃芪得防風而功愈大。取其相畏相使。以益衛固表。且載黃芪助真氣以周於身者也。陽氣固而汗自止矣。如不已。加麻黃根牡蠣。

玉屏風散

黃芪炒一两 白术炒二两 防風一两 研末每服三錢開水下

肺虛自汗

自汗有因肺虛者。其症動則氣短。此勞傷中氣所致也。按肺為氣海。統領周身之筋骨。肺主皮毛。衛護一身之元氣。肺經一虛。則腠理不密。真陽外泄。故勞動而即自汗也。醫方治以黃芪六一湯。黃芪甘溫。瀉陰火。益元氣。溫肌肉。實腠理。

為止汗之要藥。甘草甘平。瀉心火。補脾胃。益三焦。為和中之良品。二藥補土生金。得王道之化。擅贊育之功。實肺虛自汗之要劑也。

黃芪六一湯

黃芪蜜炙六兩　甘草炙一兩　研末每服五錢棗二枚水煎服

鎮元飲 肺虛自汗

人參　黃芪　白朮　五味　山萸

當歸　麦冬　生地　黃柏　白芍

水煎服一方無當歸有肉蓯蓉

脾虛自汗

自汗有因脾虛者。其症食不甘味。易飽易飢。按脾者。萬物之母也肺者氣之母也。脾胃一虛。則肺經失養。脾胃不健。則飲食無味。脾主肌肉。肺主皮毛。脾屬土。肺屬金。土不生金。子因母病。故自汗也。醫方治以四君子湯。人參甘溫補氣。白朮甘苦益脾。茯苓甘淡寧心。甘草甘平培土。令氣足脾運。飲食倍進。則肺得其養。而汗自收矣。補中益氣湯亦主之。

四君子湯

人參　白朮　茯苓　甘草　水煎服

補中益氣湯

人參一錢　黃芪錢五　白朮錢二　廣皮六分

當歸一錢　升麻三分蜜炙　柴胡三分蜜炙　甘草五分

水煎服升柴發汗而自汗亦用之者借此引參芪上行固表也必須蜜炒以緩其性如左寸脉浮洪屬心火本方加麦冬五味黃連

心虛自汗

自汗有因心虛者。其症精神恍惚。驚悸不寧。按心藏於內者為血。發於外者為汗。汗乃心之液也。五臟六腑表裡之陽。皆心主之。以行其變化。隨其陽氣所在

之處而生津。亦随其火擾所在之處而為汗。是汗盡由心出也。心藏神。心血虛。則精神恍惚。似覺驚悸而汗出矣。丹臺治以育心湯。生地當歸養血。麦冬棗仁寧心。沙參白芍和陰。知母甘草清火。茯神育神。牡蠣収脱。良方也。當歸六黄湯亦主之。

育心湯 並治盜汗

生地二錢 當歸二錢 麦冬錢五 棗仁二錢 沙參錢五
白芍二錢 知母二錢 甘草錢五 茯神二錢 牡蠣錢五

水煎服 一方有大棗五枚

當歸六黄湯

生地 熟地 黄柏 黄芩
黄連 黄芪 當歸 各等分

水煎服 並治盜汗火實者宜之

肝虛自汗

自汗有因肝虛者。其症腹脇或脹或痛。或多淚。按肝為血海。肝主疎泄。肝陰虛則脹。肝氣逆則痛。肝血熱則淚。肝火上浮。而肺金不足以制肝木。則木燥火炎。金被火爍。衛陽不固。遂自汗也。士材治以芍棗湯。白芍酸寒斂肝。烏梅酸温斂肺。棗仁甘酸專補肝胆。生地甘寒。并滋心腎。五味酸温。益氣生津。麦冬甘寒。強陰瀉熱。肝氣固而血液涼。其汗止矣。

芍棗湯

白芍 棗仁 烏梅 生地
五味子 麦冬 甘草 水煎服

腎虛自汗

自汗有因腎虛者。其症或遺精。或夢泄。按腎主閉藏。腎陰虛。不能内营而退藏。則遺精。腎主五液。腎水衰。不能上升而濟火。則夢泄。經云。持重遠行。汗出於腎。以

腎傷。則陰虧而汗出也。醫方治以烏龍湯。首烏苦溫。補肝堅腎。龍骨甘濇。斂氣安神。丹皮辛寒。瀉血中之伏火。骨皮甘淡。清肝腎之虛熱。五味五倍。補肺斂汗。山萸牡蠣。固氣濇精。助腎臟之封藏。即所以収自汗也。六味地黃丸亦主之。

烏龍湯

首烏 龍骨 丹皮 地骨皮

五味子 山萸 牡蠣 五倍子

水煎服

胃熱自汗

自汗有因胃熱者。其症每飲食則出汗。日久不已。心中虛風。往往成半身不遂。

按胃屬土。心屬火。汗為心液。胃熱上蒸心肺。則汗出。汗久心虛。毛竅開張。肺氣不固。易感外風。致成半身不遂。所謂邪之所湊。其氣必虛者也。東垣治以安胃湯。黃連入心瀉火。五味入肺斂汗。生甘草補脾胃而清心。炙甘草益三焦而瀉熱。烏梅入脾肺之臟。固氣生津。升麻引甘溫之藥。補衛實表。良方也。

安胃湯

黃連六分 五味子五分 烏梅二枚 升麻蜜炙三分

生甘草五分 炙甘草五分 水煎服 汗止為度

膈熱自汗

自汗有因膈熱者。其症中焦燥實。口渴便秘。此心火上盛。胃中有湿也。按心為君火。胃為湿土。湿生熱。熱生火。火熱內鬱。則燥實渴秘。火熱外達。則自汗不止。局方治以涼膈散。熱淫於內。治以鹹寒。佐以甘苦。用連翹芩梔竹葉薄荷。清心肺之火。而升散於上。用大黃芒硝。去胃中之熱。而推蕩於中。使上升下行。而膈自清矣。用甘草生蜜者。病在膈以緩之也。熱散火平。其汗止矣。

涼膈散

連翹四兩 山梔炒一兩 黃芩酒炒一兩 薄荷一兩

大黃酒浸另 芒硝二兩 甘草二兩 竹葉三十片

水煎服加生蜜服易老減大黃芒硝加桔梗大便通者宜之

王海藏云。晋郎中童子。盗汗七年。諸藥不效。蓋腎主五液。化為五湿。腎水上乘心虚。心火上炎入肺。欺其不勝。皮毛由是而開。故汗出也。先以凉膈散瀉胸中相火。次以三黃丸。瀉心火以助陰。則腎水歸源。元府閉密汗自已矣。

三黃丸

黃連 黃柏 黃芩 研末蜜丸開水下二錢

陰虚自汗

陰虚自汗者必發熱。按血屬陰。陰虚陽必湊之。經云陽浮者熱自發。陰弱者汗自出。所謂熱邪乘陰虚而發。所出之汗必熱者是也。醫方治以加味六黃湯。汗由陰虚。當歸二地滋陰。汗由火擾。芩連黃柏瀉火。汗由腠理不密。倍用黃芪固表。加地骨皮降肺中伏火。清肝腎虚熱。凉血補正。并內治五臟熱邪。外治肌熱虚汗。良方也。柏子仁丸亦主之。臨症酌用。

加味六黃湯

生地 熟地 黃連 黃芩

黃柏 當歸 黃芪 地骨皮

水煎服

柏子仁丸 並治盗汗

柏子仁炒去油二兩 人參一兩 白朮一兩 半夏一兩

五味子一兩 麻黃根一兩 牡蠣一兩 麥麸五錢

研末棗肉丸桐子大米飲下五十丸日三服

陽虚自汗

陽虚自汗者必發厥。厥者逆冷也。按氣屬陽。陽虚陰必湊之。陽氣不固。則汗多亡陽。陰氣乘陽。則四肢發厥。所謂寒邪乘陽虚而發。所出之汗必冷是也。醫方

黄芪六一湯

黄芪六两　甘草一两　研末每服五錢棗湯下

濕熱自汗

自汗有惡寒胸悶躁熱昏眩者。此濕熱也。盖脾胃屬土。土生濕。濕生熱。濕熱内鬱。則惡寒躁悶。濕熱上蒸。則頭昏目眩。皆由外受陰雨之濕氣。内有飲食之濕熱。兩氣相合。自裡走表。故自汗也。東垣治以羗活勝濕湯。藁本治太陽寒濕。荆防散太陽風濕。川芎升厥陰清氣。二活利周身關節。甘草助諸藥行陽發中有補也。自汗而反用散劑者。以汗因濕也。使濕從汗出。濕去而汗止矣。

羗活勝濕湯

藁本　荆芥　防風　川芎

羗活　獨活　甘草　水煎服

氣逆自汗

氣逆自汗者。胸悶脹滿。按肺為氣海。統領周身。肺主皮毛。包藏筋骨。氣逆則胸悶。氣虚則脹滿。氣不順則營衛不和。津液外泄。故自汗也。醫方治以加味建中湯。糖棗甘潤。補中益氣。白芍酸寒。斂陰和血。桂枝辛甘。輕揚走表。得甘草之甘平者。留戀中宮。載還陽氣。能外止汗而内除煩。加木香辛温。入三焦而升降諸氣。則表裡融和。其汗自平矣。

加味建中湯

飴糖　大棗　白芍　桂枝　甘草　木香

水煎服

心血溢汗

準繩云。自汗有服固表諸藥不效。愈澁而汗愈不收者。此心血虚也。法宜理心血為主。盖汗為心液。心無所養。不能攝血。遂溢而為汗。治以大補黄芪加味湯。參芪术草補氣。歸芎地黄養血。山萸肉固氣濇精。肉蓯蓉強筋益髓。五味子斂

治以黃芪建中湯。桂枝辛熱。散也。潤也。营衛不足。潤而散之。白芍酸寒。収也泄也。津液外泄。収而行之。合糖草之甘甜者。建脾胃以通津液也。協薑棗之辛甘者。和表裡以調营衛也。加黃芪甘温固汗。附子辛熱回陽。妙方也。黃芪附子湯亦主之。臨症酌用。

黃芪建中湯

桂枝　白芍　甘草　大棗

黃芪　飴糖　生薑

水煎服身冷加附子

芪附湯

黃芪蜜炙　附子製　等分每服四錢水煎服一方有生薑

参附湯

人参三錢　製附子一錢

水煎服一方有薑三片

牡蠣散 一名麦煎湯

牡蠣煅研一錢　黃芪一錢　麻黃根一錢　浮小麦百粒

水煎服並治諸虛自汗心悸驚惕

陰陽兩虛自汗

陰陽兩虛者。熱不甚熱。寒不甚寒。或身温如常而出冷汗。或身体時冷而汗出亦冷。別無他症。按陰虛則熱。陽虛則寒。熱不甚。寒不甚。或身温。或身冷者。氣血不足也。氣虛則血亦虛。虛則腠理不密。故汗出自冷也。復庵治以加味黃芪建中湯。桂枝和衛調营。白芍斂陰養血。黃芪補陽益氣。糖草培土緩中。加浮麦涼心補液。共成止汗之功。黃芪六一湯亦主之。

加味黃芪建中湯

桂枝　白芍　甘草　飴糖　黃芪　浮麦　大棗　水煎服

肺生津。白茯苓寧心安臟。防風同黃芪。功能實表。肉桂得人參。力補陽虛。加棗仁助陰止汗。良法也。經疏云。凡服固表藥而汗不止者。用棗仁湯。

大補黃芪加味湯

黃芪炒一两 人參一两 白朮炒一两 甘草炙一两 茯苓一两五錢 蓯蓉酒洗三两 肉桂一两

熟地二两 當歸一两 白芍一两 山萸一两 五味子一两 防風一两 棗仁炒一两

研末每服五錢大棗湯下

棗仁湯

棗仁炒 白芍 五味 麦冬 竹葉 元眼肉 水煎服

參芪湯

人參 黃芪 白朮 茯苓 當歸 白芍 棗仁

熟地 牡蠣各一錢 廣皮七分 甘草二分 烏梅一箇 浮麦一撮 大棗一枚

水煎服並治陽虛自汗

虛冷自汗

自汗有厥逆嘔吐痛瀉者。此下元虛冷也。按脾寒則四肢厥逆。胃冷則胸脹嘔吐。腎衰則腹痛泄痢。肺虛則自汗不止。皆由火不生土。土不生金。金氣外泄所致也。準繩治以正元散。桂附補腎。薑豆溫脾。參朮固肺。苓草調中。烏陳理氣。山藥濇精。川芎和血。黃芪固表。乾葛升清。令厥逆吐瀉悉平。其汗即止矣。

正元散

人參二两 白朮炒二两 茯苓二两 黃芪炙一两五錢 甘草炙二两

乾薑三錢 附子炮一两 肉桂一两 川芎一两 紅豆即良姜子三錢

烏藥一两 乾葛一两 廣皮三錢 山薑姜汁炒一两

研末每服三錢薑三片棗二枚鹽少許水煎服

虛風自汗

自汗有日久不止。漸成消渴者。此因虛受風也。按汗為心液。肺為氣海。心肺兩

虛。腠理不密。風襲肌膚。元府開張。真陽外泄。津液內亡。故自汗也。不治必成消渴。醫林治以白朮散。白朮甘苦。益土生津。調肌補氣。牡蠣鹹寒。濇精止渴。斂汗収脫。防風辛甘。為風門潤品。得白朮牡蠣。又能實表。東垣所謂多用則發汗少用則止汗者。即此意歟。

白朮散 一名三敗散

白朮 三两　牡蠣 煅三两　防風 二两五錢

研末每服一錢開水下並治飲酒中風多汗食即汗出如油

畏風自汗

襲林雲云。有四時出汗畏風。雖炎天必須綿衣。冬時氣喘不相接續。夏日淋白濁者。此風在肌膚腠理也。按出汗畏風傷風。而元府不閉也。炎天衣綿。表虛而衛氣不強也。冬日氣急。陽衰而寒邪外逼也。夏日淋濁。陰虧而濕熱內鬱也。治以薄荷桂枝湯。薄荷荊防。通血脈以散風。羌活甘草。行肌表以利節。合桂枝調營和衛。走表固表。令風去而諸症平矣。驗方也。若惡寒自汗者。桂枝黃芪湯主之。

荷桂湯

薄荷　荊芥　防風　羌活　桂枝　甘草

水煎服

桂枝黃芪湯

桂枝　黃芪　白芍　甘草　防風　白朮

薑二片棗二枚水煎服

黃汗

自汗有汗如柏汁染衣。脉沉体重發熱者。此因汗出洗澡。水從汗孔入於皮膚所致也。按汗出則毛竅開張。水入則濕化為熱。濕熱生黃。故汗如柏汁。濕熱在絡。故身体俱重。脉沉者。水氣在裡也。發熱者。濕氣薰肌也。醫源治以三仙酒。桂枝辛甘。調營和衛。白芍酸苦。斂陰通脉。黃芪甘溫。固表止汗。酒煎以行經絡。濕

去而汗即止。若妄投利水燥濕去黃之藥悞矣。

三仙酒

桂枝三錢 黃芪五錢 白芍酒炒五錢

酒煎間日服一劑三次即愈

額汗

額汗得之醉後當風。蓋頭為諸陽之會。酒性發陽。所以飲必面紅。醉後陽氣上升。元府必開。或當風坐臥。或脫帽露頂。風邪入之。故額汗不止。又名為漏風。俗生治以黃芪建中湯。黃芪甘溫補氣固表。白芍酸寒斂陰利脉。甘草甘平緩中活絡。飴糖甘美潤肺和脾。桂枝辛甘解肌發汗。使邪從汗出。而額汗自止。中焦氣壯。而陽氣自收。潔古老人所謂額汗必益中州者是也。小便不利者死。

黃芪建中湯

黃芪蜜炙 桂枝蜜炙 白芍蜜炒 甘草蜜炙 飴糖等分 水煎服

心汗

心汗得之思慮勞心。其症別處無汗。獨心孔一片有汗。蓋汗為心液。在内為血。在外為汗。心為君主。在卦為離。在象為火。思慮過度。則心火動。血液浮。遂外泄而汗出矣。大全治以茯苓補心湯。生地甘寒。養心益血。麦冬甘潤。清火生津。枣仁香酸。寧心斂汗。白芍酸苦。通脉和陰。茯神甘淡育神。參朮甘溫補氣。陳皮辛苦以調氣血。甘草甘美以固中州。加黃連寒苦瀉火。辰砂甘凉鎮心。良方也。

茯苓補心湯

人參一錢 白朮一錢 茯神一錢 甘草炙三分 生地二錢 麦冬錢五

白芍一錢 枣仁炒錢五 黃連五分 廣皮五分 辰砂五分 浮麦二錢

烏梅一枚 大枣二枚 水煎服

茯苓湯

茯苓二錢研末 烏梅一枚 陳文一錢 煎湯調下

團參湯

人參一錢　當歸一錢

研末用豶猪心一箇破開帯血入藥末扎固煮熟服並治盜汗

冷汗

準繩云。熱邪乘陰虛而發者。所出之汗必熱。寒邪乘陽虛而發者。所出之汗必冷。其汗冷之義。即内經所謂陰勝則身寒。汗出身上清者是也。又云。熱火過極。反兼勝已之化。而為冷者有之。相火出於腎。挾水化而為冷者有之。大抵冷汗由於氣虛。補氣必須培土。以土為萬物之母。資生之本也。古方治以固中丸。猪肚養胃健脾。糯米補肺止汗。脾肺壮。中氣充。冷汗自痊矣。

固中丸

猪肚一具洗净　糯米半升

将糯米入肚中煮爛搗丸每服三錢空心開水下或将糯米晒乾研末調服另吃猪肚亦可

盜汗

盜汗。即内經所謂寢汗也。其病属心。心神不守。故盜汗。經旨云。陰血虛。不能榮養於中。故睡時湊湊而汗出也。盖睡則胃氣行於裡而表虛。醒則氣散於表而汗止矣。又云。腎陰衰。不能内營而退藏。則内傷而盜汗。準繩云。心腎乃陰陽之主。所以論汗必自心之陽。論寢必自腎之陰。法宜降心火益腎水。令水火升降。其汗即止。古人治以當歸六黄湯。二地黄柏滋水。黄連黄芩降火。當歸養血。黄芪固氣。此治盜汗之聖劑也。

當歸六黄湯

生地一錢　熟地一錢　黄柏一錢　黄連一錢

黄芩一錢　當歸一錢　黄芪二錢　水煎服

陰虛盜汗

陰虛盜汗者。必發熱。蓋血屬陰。血虛則熱。熱鬱於內。上蒸心肺。外達皮毛。故汗出而身熱也。其汗在睡中者。以衛氣至夜行於裡。當瞑目時。衛虛無氣以固其表。則腠理開。津液泄。遂盜汗也。心法治以養營湯生地歸芍。養陰益血。黃柏黃芪。滋水固表。地骨皮內治五內熱邪。外治肌熱虛汗。良方也。六味地黃丸亦主之。臨症酌用。柏子仁丸常服更妙。方見陰虛自汗

養營湯

生地　當歸　白芍　黃柏

黃芪　地骨皮

水煎服一方有五味甘草

六味丸

生地　山萸　山藥　茯苓　丹皮　澤瀉

研末為丸空心開水下三錢一方加知母黃柏鹽炒

陽虛盜汗

陽虛盜汗者。必惡寒。蓋氣屬陽。氣虛則寒。虛寒之氣。乘陽虛而泄於肌膚。故汗出而身寒也。其汗在睡中者。亦由陰虛不能配陽。陽氣內蒸。津液乘虛外泄。遂盜汗也。心法治以調衛湯。參芪朮草。補氣生陽。生地白芍。益陰和血。附子引氣藥以復散失之元陽。引血藥以滋不足之真陰。良法也。八味丸亦主之。臨症酌用。

調衛湯

人參錢五　黃芪一錢　白朮炒一錢　甘草炙一錢

生地一錢　白芍一錢　附子製五分　水煎服

八味丸

附子製　肉桂　熟地　山萸

山藥　丹皮　茯苓　澤瀉

研末為丸空心開水下三錢

陰陽兩虛盜汗

陰陽兩虛。即氣血兩虧也。其症乍熱乍寒。四肢疲倦。按陰虛則熱。陽虛則寒。乍熱乍寒者。氣血不和也。四肢疲倦者。脾肺不足也。蓋肺統氣。脾統血。肺主皮毛。脾主四肢。陰血既弱。陽氣復衰。以致心神不守。津液外浮。浸於四肢。散於皮毛。故盜汗也。馮氏治以滋陰益陽湯。參芪苓朮補氣。歸芍地黃補血。黃柏知母潤下。陳皮甘草調中。浮麦棗仁斂汗。氣血沖和。盜汗即止矣。

滋陰益陽湯

人參五分 黃芪一錢蜜炙 白朮炒一錢 茯苓一錢 甘草炙三分
生地一錢 當歸一錢 白芍一錢 陳皮六分 棗仁炒一錢
黃柏八分蜜炒 知母八分蜜炒 浮麦一撮
水煎服 一方有熟地一錢

遺精盜汗

盜汗而又遺精。此心腎不交也。蓋汗為心液。精為腎水。腎虛則遺精。心虛則出汗。丹溪云。汗症未有不由心腎兩虛者。心陽不能外衛而為固。腎陰不能內营而退藏。心腎不交。水火不濟。故遺精而盜汗也。和劑方治以降心丹。熟地滋腎補髓。麦冬清心益精。天冬降火潤燥。山藥固水強陰。茯苓能使腎交心。遠志能使心交腎。參歸補血氣。連桂濟水火。朱砂安魂魄。棗仁斂汗液。驗方也。

降心丹

熟地二兩 天冬二兩 麦冬二兩 茯苓一兩 山藥一兩
人參一兩 當歸五錢 黃連三錢 肉桂三錢 朱砂三錢
茯神一兩 棗仁炒研一兩 遠志甘草水泡炒一兩
研末蜜丸朱砂為衣空心開水下三錢

失精夢交盜汗

男子失精。女人夢交。而盜汗者何也。蓋心藏神。肺藏魄。肝藏魂。腎藏精。心為君

主。心火一動。相火隨之。以致神不守舍。魄不安宅。魂不靜鎮。精不內固。卧則陽氣入陰而表復虛。津液乘虛外泄。故有失精夢交盜汗等症。古方治以白龍湯。龍骨入心腎肝經。以收浮越之氣。牡蠣入腎肝血分。以止遺夢之精。白芍安脾肺以斂陰。桂枝和血脉以固表。甘草益氣瀉火。大棗潤肺寧心。五臟太和。諸症自平矣。

白龍湯

白芍酒炒三錢 龍骨煅三錢 牡蠣煅三錢

桂枝一錢 甘草炙一錢 大棗二枚

水煎服

九龍丹

龍骨煅刄 牡蠣煅刄 枸杞子二兩 熟地四兩 茯神三兩

當歸酒洗刄 石蓮肉二兩 金櫻子二兩 棗仁炒三刄

研末蜜丸空心開水下三錢一方無當歸有白芍二兩

自汗盜汗

汗症有自汗而又盜汗者何也。蓋心陽虛。不能外衛而為固。則自汗。腎陰虛。不能內營而退藏。則盜汗。心腎兩虛。故自汗而又盜汗也。丹臺玉案云。肺氣不收故自汗。心神不守。故盜汗。按肺為氣海。肺主皮毛。衛外營內。職司呼吸。自汗盜汗。未有不由肺經而出者。謂心虛腎虛。言出汗之源也。謂肺氣不收。言出汗之流也。雲林治以參歸飲。參芪補陽。歸芍益陰。茯棗寧心潤肺。知柏滋水清金。蠣梅收澀浮麦斂汗。驗方也。

參歸飲

人參 黃芪蜜炙 當歸酒炒 白芍蜜炒 烏梅 牡蠣

茯苓 棗仁炒研 知母蜜炒 黃柏蜜炙 浮麦 大棗

水煎服一方有廣皮甘草

自汗盜汗煩熱

自汗盜汗。俱有四肢煩熱。肌肉清瘦者何也。蓋汗為心液。腎為水臟。肺主皮毛。心虛則自汗。腎虛則盜汗。營衛不調。肺氣不固。遂自汗而盜汗也。煩熱者。陰虛也。肌瘦者。陽虛也。總由汗出過多所致也。和劑方治以麥煎散。人參甘草補陽。知母白芍養陰。石羔滑石除煩。茯苓杏仁清熱。地骨皮走內外以去邪。麻黃根和表裏以止汗。更用浮麥涼心以收津液。驗方也。黃龍飲亦主之。丹溪云。盜汗煩熱者多。自汗煩熱者少。臨症酌用。

麥煎散

人參錢五分 甘草炙錢五分 白芍錢五分 知母錢五分 石羔錢五分
滑石錢五分 茯苓錢五分 麻黃根錢五分 杏仁五分 骨皮錢五分

研末每服一錢浮麥一兩煎湯調下

黃龍飲

人參二兩 黃芪二兩 牡蠣三兩 地骨皮四兩
龍骨四兩 麻黃根三兩 大棗七枚 分七服水煎服

諸汗

諸汗皆因氣虛。亦由內熱外越。其脉虛而微細緩弱者為陽虛。虛而洪數弦濇者為陰虛。陽虛補以溫熱。陰虛滋以清涼。總不外收斂固密一法。百問治以統元湯。生地甘寒涼血。當歸辛溫補液。白芍酸苦斂津。棗仁甘酸止汗。黃芪甘溫固表。黃連寒苦清火。五味酸濇益肺。更立加減法於後。通變行之。未有不應手者

統元湯

生地三錢 黃芪二錢 白芍錢五 酸棗仁錢五
當歸一錢 黃連五分 五味子五分 水煎服

如畏風怯寒。腠理不固而自汗者。謂之陽虛。脉必散細虛弱。加人參一錢五分。黃芪白朮各一錢。桂枝七分。去生地當歸黃連五味子。減白芍

一錢

如肢体倦怠。中满泄瀉。此湿勝也。六脉必濡軟無力。加白术二錢。茯苓麻黄根各一錢。防風羌活各五分。去生地白芍五味子當歸棗仁。減黄芪一錢。

如氣虚血熱自汗。謂之陰陽兩虚。脉多虚数。加人参一錢五分。知母一錢。去當歸。

如内熱盗汗。謂之陰虚。脉必虚数。加麦冬一錢五分。知母一錢。黄柏一錢。

如心神不足。心血少而胞絡之火盛者。左寸脉必虚数無力。加人参一錢麦冬二錢。去白芍。

如痰火内壅。津液不歛而多汗者。此肺胃受病。陽明火燥也。脉必洪滑。加貝母二錢。茯苓一錢五分。知母橘紅各一錢。黄連五分。去生地棗仁當歸黄芪。

如偶觸驚恐而汗出者。謂之魄汗。加人参麦冬各五分。去黄連。

如久病喘急。口開目陷。肢青。汗出如油者。謂之絶汗。死不治。

産後虚汗

單養賢云。産後虚汗。有亡陽之患。經曰。陽氣者。精則養神。柔則養筋。汗本血液屬陰。汗多陰亡。陽亦隨之而走。産後亡血多汗。故曰亡陽。此陰陽兩虚之危候也。治宜参桂湯。人参白术。甘温補氣。黄芪桂枝。辛甘固表。防風辛温佐黄芪以行陽。麻黄根辛苦。引人参以益衛。白芍酸苦和陰。甘草甘平緩急。此治産後多汗之繩尺也。見症善為加減。庶不失手。

参桂湯

人参一錢 桂枝一錢 白芍一錢 甘草五分
黄芪錢二 白术一錢 麻黄根一錢 防風五分

水煎服一方有北沙参二錢

産後頭汗

王海藏云。產婦頭汗出。至頸而還。額上偏多。此由虛熱薰蒸所致也。按頭為六陽之會。陰血暴亡。孤陽上越。陰雖虛。而陽氣尚為有餘。此時陰不勝陽。故頭汗額上偏多。心火上浮。逼陽於外。急補其陰。而入以斂陽之藥。則病自服。治以加減四物湯。生地當歸養血。白芍甘草和陰。龜板補心益腎。阿膠清肺養肝。五味子斂氣益氣。麻黃根走表固表。臨症再善為活法。庶幾近焉。

加減四物湯

生地　當歸　白芍　甘草

龜板　阿膠　五味子　麻黃根

水煎服徐忠可云。產後血去亡陰。則陽為孤陽。自陰較之。陽為獨盛。又喜其汗出。損陽以就陰也。故金匱云。產婦頭汗出。陰陽平乃復。

內傷虛損諸汗

龔雲林云。凡內傷及一切虛損自汗不休者。總用補中益氣湯。加熟附子麻黃根浮小麥。其效捷於影響。惟升麻柴胡。必須蜜水拌炒。殺其升發之性。用此引參芪等藥。至肌表以止汗也。若右尺脈洪數無力而盜汗者。此相火挾心火之勢。而上伐肺金也。宜當歸六黃湯主之。

補中益氣湯

人參錢五　黃芪一錢蜜炒　白朮炒錢　當歸錢　熟附子四分　浮麥一撮

廣皮七分蜜炒　甘草五分　升麻四分蜜炒　柴胡四分蜜炒　麻黃根一錢　水煎服

如左寸脈浮洪自汗者。心火炎也。本方倍參芪加麥冬五味子黃連各五分。

如左關脈浮弦自汗者。挾風邪也。本方加桂枝白芍。若陰不虛。只用桂枝。

如左尺脈浮洪無力自汗者。水虧火盛也。本方加黃柏知母各五分熟地二錢。

如右關脈浮洪無力自汗者。本方倍參芪。

如自汗盜汗陰陽両虛也。本方去升麻柴胡。加茯苓白芍棗仁牡蠣各一錢。黃柏知母俱蜜炒八分。烏梅大棗各一枚。浮小麦一撮。水煎服。

當歸六黃湯

生地　熟地　黃芪　黃柏

黃連　當歸　黃芩　水煎服

止汗单方

五倍子為末津液調納臍中一宿即止

何首烏為末津液調納臍中一宿即止

帶露桑葉晒乾為末空心米飲下三錢即止鮮葉煎服亦可

白礬乾葛等分逐日洗脚治脚汗神效

白朮四両分四分一分用黃芪炒一分用石斛炒一分用牡蠣炒一分用麦麸炒止用白朮為末空心米飲下三錢

川鬱金為末津液調塗乳

麻黃根牡蠣各一両赤石脂龍骨各五錢為末以絹包撲身上名為撲汗法

脉候

脉大浮虛或濡濇者必汗在寸為自汗在尺為盜汗

傷寒脉陰陽俱緊當無汗若自汗不止者為亡陽不治

消渴論

消渴。古人謂之消癉。渴而多飲為上消。消穀善飢為中消。渴而便數有膏為下消。河間三消論。謂臟腑四肢。皆稟氣於脾胃。行其津液而濡養之。其病消渴者。本寒濕之陰氣極衰。燥熱之陽氣太盛也。張戴人三消說。亦從火論。謂火能消物。燔木為炭。燔金為液。燔石為灰。煎海為鹽。人之心腎為君火。三焦胆為相火。得其平。則烹煉飲食。糟粕去焉。不得其平。則燔灼臟腑。津液耗焉。心火甚於上。為膈膜消。甚於中。為腸胃消。甚於下。為膏液消。甚於外。為肌肉消。上甚不已。則消及於肺。中甚不已。則消及於脾。下甚不已。則消及於肝腎。外甚不已。則消及於筋骨。四臟消盡。則心始自焚而死矣。治當補腎水陰寒之虛。而瀉心火陽熱之實。除腸胃燥熱之甚。濟身中津液之衰。使道路散而不結。津液生而不枯。氣血和而不澁。則病自平矣。推其消渴之由。皆因少壯時。任情縱慾。飲酒無度。膾炙厚味。妄服丹石。助火興陽。致令腎水枯。心火熾。三焦烈。五臟燥。如是而病消渴矣。醫者固宜善治。病者尤當善養。庶幾愈焉。

上消

準繩云。上消者。肺病也。舌上紅裂。大渴引飲。少食。大便如常。小便清利。此即內經所謂心移熱於肺。傳為膈消是也。按心屬火。肺屬金。火旺爍金。則燥渴引飲。二便如常者。病在上焦。而不在下焦也。宣明治以麦冬飲。麦冬生地甘寒清心瀉火。知母蔞仁甘苦。滋肺潤燥。葛根五味酸甘。生津止渴。参草茯神甘溫益氣調元。此正法也。如不已。人参石羔湯。三汁膏主之。

麦冬飲

麦冬三錢 人参一錢 知母錢五 生地二錢 茯神一錢
蔞仁一錢 葛根一錢 甘草五分 五味子五分
竹葉七片水煎服

人参石膏湯

人参　石羔　知母　甘草

水煎和清米湯服東垣加杏仁黄芩

三汁膏

人乳汁　藕汁　生地汁　黄連末　花粉末

将黄連末花粉末和三汁為膏少加薑汁黄蜜和匀徐〻放舌上以白湯送下能食者加石羔

中消

準繩云。中消胃病也。渴而多飲。善食而瘦。小便赤数。大便堅硬。此即内經二陽結謂之中消是也。按足陽明属胃主血手陽明属大腸主津液。胃血燥。則口渴多飲。胃火旺。則善食易飢。小便数而大便硬者。大腸之津液不足也。醫源治以蘭香飲。蘭葉泄熱。黄連清火。花粉潤燥。葛根升清。麦冬生津。當歸養血知母和胃。甘草調中。合生地梨蔗藕乳諸汁。共平消渇。如燥實者。調胃承氣湯主之。

蘭香飲

蘭葉五两　黄連一两　花粉一两　葛根一两　麦冬一两

當歸一两　知母一两　甘草五两　生地汁　人乳汁

梨汁　藕汁　甘蔗汁各一鍾

先将各汁入蜜斤半熬膏後将各藥末和膏内煑数沸磁瓶收貯每服四五匙清米湯和服一方有烏梅蓮肉五味子各一两

調胃承氣湯

大黄　芒硝　甘草　水煎服

三黄丸

大黄二两　黄連四两　黄芩四两

研末蜜丸大豆大每服五丸日三服病重者七丸約服一月即愈

下消

準繩云。下消腎病也。小便淋膏。煩渴引飲。面黑形瘦。此即內經所謂腎消也。經又謂之肺消。考肺為腎母。肺主氣。攝津液精微。而養筋骨血脉者也。肺燥則津液無氣管攝。精微亦隨溲直下。故便濁而淋膏。筋骨血脉。無津液以汲養。故面黑而身瘦。肺病本於腎虛。虛則心寡於畏。妄行陵肺。肺燥則渴。腎燥則淋。子病累母也。仲景治以六味丸。地黃滋腎。山藥潤肺。山萸濇精。茯苓調氣。丹皮清火。澤瀉去邪。大法也。元兔丹等亦主之。

六味丸

地黃八兩　山藥四兩　山萸四兩　茯苓三兩　丹皮三兩　澤瀉三兩

研末蜜丸空心開水下三錢煎湯服更妙潔古加五味子一兩

元兔丹

茯苓二兩　兔絲子酒浸炒十兩　五味子酒浸五兩　蓮肉酒浸三兩

研末山藥六兩將浸藥餘酒打糊為丸空心米飲下三錢一方加元參三兩

猪肚丸

猪肚一具洗淨　黃連五兩　麦冬四兩

瓜蔞仁四兩　知母四兩　茯神四兩

將藥研末入猪肚內扎緊蒸爛搗丸如乾加煉蜜丸桐子大每服百丸米飲下

鹿茸丸

鹿茸去毛炙七錢　麦冬去心二兩　熟地炒一兩　黃芪八錢　五味子八錢

人參八錢　肉蓯蓉酒浸八錢　牛膝酒浸八錢　破故紙七錢　山萸肉八錢

地骨皮五錢　雞膍胵五錢　元參五錢　茯苓五錢

研末蜜丸空心米飲下三錢

三消

趙養葵云。古人分三消立治。可云善矣。殊不知人之水火相濟。氣血和平。何消之有。若調養失宜。水火偏勝。津液枯乾。致龍雷之火上炎。煎熬臟腑。故消渴也不必分三消立治。揔以六味八味。隨症加減。降心火。滋腎水。其渴自止。或問六味滋腎水矣。加桂附何也。蓋命門火衰。不能蒸腐水穀之氣上潤於肺。肺不能四布水精。其所飲之水。未經火化。直入膀胱。故有飲一斗溲一斗者。桂附壯其少火。如釜底加薪。枯籠蒸溽。槁禾得雨。生意維新矣。非明理者。不能達此。

六味丸

熟地　山萸　山藥　茯苓　澤瀉　丹皮

水煎服上中消藥減半下消藥全料恣飲神效

八味丸

熟地　山藥　山萸　丹皮

茯苓　澤瀉　肉桂　附子

研末蜜丸空心米飲下三錢

消渴症。是下焦命門火不歸元。游於肺則上消。游於胃則中消。以八味丸引火歸元。使火在金底。水火既濟。氣上熏蒸。肺胃得其滋潤。渴疾愈矣。仲景先師製此方治漢武帝消渴。至聖元関。今猶可想也。

加減腎氣丸　濟生方

熟地八兩　山萸四兩　山藥四兩　茯苓三兩　丹皮三兩

澤瀉三兩　五味子一兩　肉桂五錢　鹿茸一兩　沉香五錢

研末蜜丸空心鹽湯米飲任下三錢　弱甚者加附子五錢兼進黃芪湯若飲一斗溲二斗者死不治

中寒消渴

醫貫云。有一等渴等。面紅煩燥。時欲飲水。但飲一二口即止。不若消渴者之飲水無厭也。此症是中氣虛寒。寒水上泛。逼其浮游之火於咽喉口舌之間。故面

紅煩燥而消渴也。其飲水不多。而又不時欲飲者。以火浮上焦。欲得水救。及到中焦。寒水内伏。以水見水。故渴飲不時。而又不多也。治宜理中湯之參朮補氣。薑草溫中。煎送八味丸引火歸元。三服即愈。若用他藥必壞。驗方也。

理中湯

人參一兩　白朮炒二兩　炮薑一兩　甘草炙一兩

研末每服四錢水煎服

八味丸

熟地　山藥　山萸　茯苓

丹皮　澤瀉　附子炮　肉桂

研末蜜丸每服三錢

陰盛消渴

醫貫云。有一等渴病。急欲飲水。飲下不安。少頃吐出。吐後片刻。又欲水飲。至於藥食。毫不能下。此是陰盛格陽。腎經傷寒症也。渴欲飲水者。津液不足也。飲下復吐者。胃氣不運也。皆由陰寒内拒。而陽氣不升也。治宜白通加人尿猪胆汁湯。葱白辛以通陽。薑附熱以散寒。加人尿猪胆者。取其與陰同氣。直入下焦。冷性漸消。熱性勃發。陰散陽升。其病即愈。經曰逆而從之。從而逆之。正者正治。反者反治。此之謂也。

白通加人尿猪胆汁湯

葱白四支　乾薑一兩　附子炮一枚　人尿五合　猪胆汁一合

生薑一片水煎服

吐瀉消渴

消渴而因吐瀉者。此手足陽明俱病也。按脾胃者。倉廩之官。五味出焉。大腸者。傳道之官。變化出焉。吐由脾胃不運。濁氣在上也。瀉由大腸不固。清氣在下也。吐則亡津。瀉則亡陰。上吐下瀉。津陰兩亡。故消渴也。錢氏治以加味白朮散。參

朮補土生津。藥茯調脾益胃。木草旋利三焦。藿梗調和吐瀉。倍加葛根宣陽止渴。令清陽升。濁陰降。中焦通暢。其病即瘥。驗方也。

加味白朮散

人參一錢　白朮一錢　茯苓一錢　山藥一錢
木香五分　藿香八分　甘草五分　葛根二錢

水煎服一碗以此代飲神效

伏熱消渴

許學士云。消渴病。有心中煩悶不食。日飲水三斗。經三月不鮮者。此心有伏熱也。按心為君火。在卦為離。乃五臟六腑之大主。諸經之熱皆應於心。煩悶消渴者。熱伏所致也。朱丹溪云。五臟各有火。五志激之。其火隨起。惟心火獨盛焉。學士治以大府丹。生地甘寒。入心腎。瀉丙火。清燥金。凉上焦血熱。木通甘淡。通包絡。降心火。入小腸。寧胸悶神煩。合黃芩之苦寒者。養陰退陽。除煩止渴。驗方也。

火府丹

生地二兩　木通一兩　黃芩一兩

研末蜜丸桐子大每服五十丸開水下日三服次日渴止再服全愈

淋濁消渴

淋濁消渴者。小便赤澁如油。此心火也。按心與小腸為表裡。心為丁火。小腸為丙火。心移熱於小腸。則小便赤濁。舌為心苗。心火上炎。薰蒸於口。則舌乾口燥而消渴也。心法治以清心蓮子飲。麥冬清心潤燥。黃芩瀉火養陰。骨皮除內外之邪熱。車前利小便之濁淋。茯苓降心火以通膀胱。蓮子安君相以交水火。參芪能除煩渴。甘草可益中州。良方也。如心虛蘊熱。或傷酒消渴者。硃砂黃連丸主之。

清心蓮子飲

麥冬　黃芩　茯苓　蓮子　地骨皮

人參　黃芪　甘草　車前子
水煎服
硃砂黃連丸
硃砂二兩　黃連三兩　生地二兩
研末蜜丸桐子大空心燈心大棗湯下五十丸

煩燥消渴

消渴而咽乾煩燥者。此肺熱也。按肺為五臟之華蓋。氣多血少。其体屬金。若心火刑金。則肺熱而咽乾。金被火爍。則煩燥而消渴。亦由腎水不升。心火不降。熱蘊上焦所致也。簡易治以地黃飲。二地甘溫。滋水瀉火。二冬寒苦。潤肺清心。澤瀉甘鹹去邪。杷葉苦平下氣。參芪甘潤益土。即可生金。草斛甘平。和中更能除熱。令水火相濟。諸症自平矣。黃連等丸亦主之。臨症变通可也。

地黃飲
生地　熟地　天冬　麦冬　澤瀉
枇杷葉　人參　黃芪　甘草　石斛
白水煎服
黃連丸
黃連五兩　麦冬三兩　花粉二兩
研末生地汁牛乳和丸空心開水下三錢米飲下亦可
玉泉丸
麦冬刄　人參刄　茯苓刄　黃芪刄
烏梅刄　甘草刄　花粉一刄　乾葛一刄
研末蜜丸彈子大每一丸溫湯嚼下

陰虛消渴

消渴有因陰虛者。其症面紅煩熱。此腎水不足也。按腎為少陰。左腎為陽水。右

腎為陰水。兩腎中間為命門。內有真火。此火無形。即元氣也。無形之火。在兩腎有形之中。火藏水內。坎卦也。水虧則火旺。東垣所謂陰火上浮。故面紅。水不上升。故煩渴也。丹溪治以養陰湯。知母黃柏滋水。麦冬生地生津。花粉烏梅止渴。黃連甘草瀉火。歸芍養陰除煩。蓮子通心交腎。此壯水以制陽光之法也。

養陰湯

生地　知母　黃柏　麦冬　花粉　蓮子

烏梅　黃連　甘草　白芍　當歸

白水煎服

發熱消渴

消渴有不時發熱。日飲水水。形体漸瘦。四肢無力。脉洪大而数者。此腎虛也。王太僕云。熱之不熱。責其無火。寒之不寒。責其無水。又云倏熱往来。是無火也。時熱時止。是無水也。趙養葵云。此係陰盛於下。逼陽於上。法當補腎。治以加味八味丸。地黃滋水補腎。桂附益火生陽。丹皮凉血退蒸。山藥強陰清熱。山萸斂精秘氣。茯苓通腎交心。五味生津止渴。澤瀉降濁利邪。水火相濟。陰陽和協。熱渴即平。若用寒凉則斃矣。

加味八味丸

熟地　山萸　山藥　茯苓　丹皮

澤瀉　肉桂　附子炮　五味子

研末蜜丸空心開水下三錢一方無附子有鹿角

虛火消渴

消渴有盜汗發熱咽痛。口舌生瘡。牙齦潰蝕者。此虛火也。按虛火。即兩腎中命門之相火也。舌乃心苗。咽為肺系。相火上浮。則咽痛舌瘡。腎主骨髓。牙屬骨餘。相火上熏。則齦腫潰蝕。盜汗發熱消渴者。火爍心肺。津液外泄而內竭也。皆由腎水不足。火不歸元所致也。趙養葵治以加味地黃丸。地澤丹苓藥五味萸滋

水。加肉桂之辛熱者。以相火出自水中。乃龍雷之火。惟肉桂可以折之。取其同氣相求。火自降矣。

加味地黃丸

熟地　山藥　山萸　茯苓
丹皮　澤瀉　五味子　肉桂

研末蜜丸空心開水下三錢

上消

張介賓云。兩寸脉洪数有力。舌乾恣飲。為上消。此属心肺津液枯竭。腎水不能上潤華池也。華池在舌下廉泉。考少陰脉係舌本。腎之津液。從廉泉源源上流。故為華池。此水一竭。心肺火熾。即渴飲不休。成上消病矣。治以連花飲。黃連麦冬。清心瀉火。元參生地。益腎滋水。花粉知母。生津止渴。天冬甘草。潤燥和中。此治上消初病法也。若日久氣虚。兩寸脉微弱虚数者。参黃湯主之。

連花飲

黃連一錢　花粉二錢　麦冬二錢　天冬二錢
元参錢五　知母錢五　生地三錢　甘草三分

水煎服一方有黃柏

参黃湯

人参錢五　五味子五分　生地三錢　天冬二錢　甘草五分
麦冬三錢　花粉錢五　元参錢二　知母錢五　白水煎

中消

張介賓云。六脉洪滑。数而有力。飢餓嘈雜。飲食無度。為中消。此属陽明燥金自病。胃府津液枯竭。内経謂之食㑊。以大腸移熱於胃。善食易饑也。東垣謂胃伏火邪於氣分。致脾虚善食。反削肉肌瘦。總由真水不足。以上滋坤土也。治以石膏甘草湯。石羔甘草。降火緩中。白芍黃連。斂陰瀉熱。麦冬地母。滋水生津。此治

[illegible]

中消

麥冬三錢 花粉一錢五 元參一錢二 知母一錢五 白朮一錢

人參一錢五 五味子五分 生地三錢 天冬二錢 甘草五分

參黃湯 水煎服一方有黃柏

元參一錢五 知母一錢五 生地三錢 甘草三分

黃連一錢 花粉二錢 麥冬三錢 天冬三錢

蓮花飲

[illegible]

上消

[illegible]

中消。初病法也。若日久氣虛。六脉数而無力。參麦飲主之。

石羔甘草湯

石羔一两 甘草五分 白芍二錢 黄連一錢

麦冬三錢 知母錢五 生地三錢

白水煎。如大便燥結不通。加酒製大黄三錢 元明粉五分 去麦冬知母

參麦飲

人參錢五 麦冬二錢 知母錢五 白芍錢五

石羔五錢 生地三錢 甘草五分 五味子五分

白水煎

下消

張介賓云。两尺脉来滑数。口渴引飲。神形萎頓。腿膝酸痛。便溺頻数如膏。為下消。此屬腎水無以制火。火因水竭而益熾。水因火烈而益乾。以致州都之津液不藏。決瀆之水道混濁。便成下消病矣。治以天一湯。天冬、麦冬清火。生地、熟地滋水。知母、黄柏補陰。車前、茯苓瀉熱。地骨皮涼血固正。五味子止渴生津。此治下消初病法也。若日久氣虛。脉象虛数。真元飲主之。

天一湯

天冬二錢 麦冬二錢 生地三錢 熟地二錢 五味子五分

知母鹽炒一錢 黄柏鹽炒一錢 車前一錢 茯苓一錢 地骨皮錢二

白水煎。一方無麦冬

真元飲

人參二錢 麦冬一錢 生地三錢 五味子五分

熟地二錢 天冬二錢 茯苓一錢 水煎服

統治三消方

天池膏 治三消如神

天花粉八两　黄連八两　人参四两　知母去毛四两
五味子三两　白术炒四两　麦冬六两　生地汁二碗
藕汁二碗　人乳一碗　牛乳一碗　薑汁二酒鍾

先将花粉七味米泔水十六碗入砂鍋内浸半日用桑柴火熬至五六碗濾清又将渣搗爛以水五碗熬至二碗去渣共放鍋内同五汁慢火成膏加白蜜一斤再熬如餳入磁罐内外用水浸三日每服二三匙安舌上咽之或用白湯送下

繅絲湯

繅絲湯即煎蚕湯也。如無此湯。即以原蚕繭殼。𢇁綿煎湯代之。不時服極效。此物属火。有陰之用。大能瀉膀胱伏火。引陰水上潮於口。而不渴也。

韭苗或炒或作羹不可入塩。日服二三次。其渴即止。曽治有效。

鹿角燒焦為末酒調服。五分日三次。漸加至方寸匕。曽治一人消中。日夜尿七八升有效。

消渴愈後。每發癰疽。用黄芪六两。甘草一两。下忍冬丸。方用忍冬草。不拘多少。根莖花葉皆可。置大瓦罐内。用無灰酒浸。外以糠火煨一宿。取出晒乾。入甘草入許。研末以所浸酒糊丸桐子大。每服百丸米飲下。另服黄芪甘草煎湯亦可。

脉候

脉数大者生　虚小細者死　脉實大病久可治　懸小堅病久不治
濡散者氣實血虚　䯏骬弱小以薄者心脆　腸骨弱者肝脆
洪大者陽餘陰虧　肩背薄者肺脆　唇大不堅者脾脆　耳大不堅者腎脆
皆善病消癉易傷　肺肝脾腎脉微小皆為消
心脉微小為消滑甚亦消　心脉耎散當消渴自已

眩暈論

眩暈。謂眼黑轉冒昏眩也。其狀身如在舟車之上。甚則卒倒無知。亦惡候也。針經胃風篇云。上虛則眩。五臟生成篇云。徇蒙招尤。目瞑耳聾。下實上虛。蒙。昏冒也。招。搖掉也。瞑。黑眩也。所謂虛者。血與氣也。所謂實者。痰火風也。內經又云。諸風掉眩。皆屬肝木。以木能生火。火旺生風也。愚按眩暈有風寒暑濕氣鬱之分。而總不外於痰火。法宜辨症施治。風則有汗。寒則掣痛。暑則熱悶。濕則重滯。此四氣乘虛而眩暈也。喜怒憂思悲恐驚。鬱火生痰。隨氣上厥。此七情致虛而眩暈也。淫慾過度。腎不納氣。奔逆上行。此眩暈出於氣虛也。吐血便衄崩漏。肝不藏血。失道妄行。此眩暈生於血虛也。更有產後血海空虛。或瘀血未盡。病後正氣不足。或調理失宜。皆能眩暈。豈可不推尋致病之由。隨機應症乎。然一言以蔽之。曰。腎水不生肝木。木火上浮。諸邪乘入。遂眩暈也。容齋云。養血則風自平。滋水則火自降。此治病求本之法也。

傷風眩暈

眩暈因風。脉浮有汗。項強不仁。按陽脉浮者。衛中風也。風傷於衛則有汗。經云陽浮者熱自發。陰弱者汗自出。風併於衛。營弱衛強。故有汗也。考太陽經之脉。起目眥。上腦下項。循肩挾脊抵腰。行於身後。風入太陽。故項強不仁也。其所以眩暈者。以頭為六陽之首。風主動搖之象。風干頭項。故眩暈也。局方治以消風散。芎荊羌防。清利頭項。殭蚕蟬退。散結行經。厚朴藿香。去惡散滿。參苓甘橘輔正調中。風解眩平矣。若肝虛者。本事川芎散主之。

消風散

川芎 二兩 荊芥 五錢 羌活 二兩 防風 二兩 殭蚕 二兩 蟬退 二兩
厚朴 五錢姜炒 藿香 二兩 人參 二兩 茯苓 二兩 甘草 炙 橘紅 五錢

研末每服三錢茶湯下都梁丸亦主之

都梁丸

白芷為末蜜丸彈子大細嚼荊芥湯點茶湯少許下

感寒眩暈

眩暈因寒。脉緊無汗。筋攣掣痛。按脉緊為寒。寒傷於營則無汗。蓋汗為心液。在內為血。以寒能濇血也。考太陽經之脉起目眥。上腦下項。循肩挾脊抵腰。行於身後。寒傷筋脉。故攣痛也。其所以眩暈者。以頭為陽首。寒為陰氣。重則搏擊作痛。輕則轉旋眩暈矣。局方治以香术散。蒼术升陽發汗。白芷開竅袪寒。川芎活血和陰。厚朴降氣散滿。陳皮宣滯。甘草調中。藿香除惡邪。半夏通陰陽。寒散眩平矣。如不已。薑附湯主之。

香术散

藿香　蒼术炒　白芷　川芎

陳皮　厚朴姜炒　半夏　甘草

研末每服三錢開水下

薑附湯

乾薑一兩　附子製一枚

研末每服五錢水煎服手足厥冷不能言者宜之

冒暑眩暈

眩暈因暑。脉必洪大而虛。自汗煩悶。按脉洪屬火。大而虛者。暑傷氣也。暑為陽中之陰邪。東垣云。動而得之為受熱。靜而得之為受暑。皆由夏日炎炎。乘涼飲冷。熱傷於衛則自汗。寒伏於內則煩悶也。其所以眩暈者。氣虛而暑熱上浮於頭目也。醫方治以十味香茹飲。香茹清熱解肌。厚朴溫中散悶。黄連瀉火除煩。參芪术草益氣調中。苓木陳皮平肝宣滯。暑熱解。眩暈自平矣。若便秘煩渴。或吐或利。此混勝而氣不化也。消暑丸主之。

十味香薷飲

香茹　厚朴姜炒　黄連　人參　黄芪

白朮　甘草　茯苓　木瓜　廣皮

水煎服

消暑丸

半夏醋煮一斤　茯苓八兩　甘草八兩

薑汁糊丸開水下二錢薑湯亦可　暑必兼濕去濕即去暑也

受濕眩暈

眩暈因濕脉必沉細而濡。身重吐逆。按脉沉而濡濕也。濕屬水。水性柔弱。則脉濡。脾屬土。土受濕氣。則吐逆。身重者。濕留經絡也。眩暈者。濕氣上蒸也。醫方治以加味甘薑苓朮湯。乾薑辛熱燥濕。白朮苦溫勝濕。茯苓甘淡滲濕。甘草甘平補土。加川芎辛溫。上行頭目以通陰陽。濕去眩平矣。羗活勝濕湯亦主之。取風藥以燥濕也。冐雨中濕吐逆者。芎朮湯主之。

加味甘薑苓朮湯

乾薑　白朮　茯苓　甘草　川芎　白水煎

羗活勝濕湯

羗活一錢　獨活一錢　川芎五分　藁本五分

甘草五分　防風五分　蔓荊子三分

白水煎此治濕在表方也若寒濕在裡者理中湯加附子

附子理中湯

人參　白朮　甘草　炮薑　製附子　白水煎

芎朮湯

川芎　半夏　白朮各兩　炙草五錢

研末每服四錢薑一片水煎服去半夏加附子官桂名芎朮除眩湯治

感寒濕眩暈

痰火眩暈

痰火头痛

风湿头痛

[illegible]

川芎　半夏　白术各[illegible]　甘草[illegible]

[illegible]

人参　白术　甘草　[illegible]　[illegible]　白茯苓

[illegible]

[illegible]

甘草五分　防风五分　蔓荆子三分

羌活一钱　独活一钱　川芎五分　藁本五分

羌活胜湿汤

[illegible]　白术　茯苓　甘草　川芎　白茯苓

[illegible]

[illegible]

[illegible]

[illegible]

[illegible]

[illegible]

[illegible]

半夏[illegible]　茯苓[illegible]　甘草[illegible]

[illegible]

[illegible]

白术　甘草　茯苓　木香　[illegible]

痰火眩暈者。脉必洪滑而数。面紅氣逆吐痰。按脉滑為痰。洪数属火。火浮於上則面紅。痰随火動則氣逆。痰火上蒸於頭目。則眩暈也。雲林治以清痰除眩湯。烏藥橘紅理氣。南星半夏化痰。黄芩降火瀉熱。天麻定暈祛風。羌活散太陽之邪。川芎和厥陰之脉。茯苓清上達下。甘草緩急調中。治痰火即所以平眩暈也。

清痰除眩湯

烏藥 八分 橘紅 八分 南星 製八分 天麻 八分 羌活 八分

半夏 製一钱 黄芩 酒炒一钱 川芎 八分 茯苓 一钱 甘草 五分

竹瀝薑汁各一匙 白水煎 一方無烏藥有白芷 氣虛加人参白术 血虛加當歸倍川芎 熱重加黄連 濕痰加蒼术牛膝 火重加山梔 七氣七情加柴胡胆草 脾虛加白术蓮子砂仁 胸有淤血加桃仁蘇木 去羌活南星

肥人眩暈

肥白之人多氣虛。其所以眩暈者。由濕痰滞於上。陰火起於下。痰挟虛火上衝頭目。正氣不固。以致眼黑生花。如坐舟車而旋轉也。甚則卒倒無知。儼如中症。丹溪所謂無痰不作者是也。法宜降火清痰補氣。治以加味六君子湯。参芪术草補氣。橘苓半夏逐痰。加川芎上行頭目。以助清陽。荆芥通利血脉以平暈眩。竹瀝滋潤腸胃以瀉陰火。此治肥人眩暈之繩尺也。

加味六君子湯

人参 黄芪 炒 白术 炒 茯苓 半夏

橘紅 甘草 竹瀝 川芎 荆芥

白水煎 如手足厥冷加附子薑汁

瘦人眩暈

黑瘦之人多血虛。其所以眩暈者。由身体素弱。腎水内虧。肝血不足。或房勞過度。相火上炎。以致眼黑生花。如入風雲之中而旋轉也。甚則不時舉發。丹溪所謂無火不作者是也。法宜滋陰降火為主。治以加味四物湯。芎歸芍地。養血滋

[illegible]

人参 黄芪[illegible] 白术[illegible] 茯苓 半夏

[illegible]

陰。竹瀝黄芩。降火潤燥。有火必生痰。橘紅半夏化之。除痰必理氣。茯苓甘草降之。更加薑汁童便。導火活痰。此治瘦人眩暈之繩尺也。安神湯亦主之。

加味四物湯

川芎　當歸　白芍　生地　黄芩

竹瀝　橘紅　半夏　茯苓　甘草

白水煎加薑汁童便竹瀝和服

安神湯

生地一錢　黄芪二錢　知母酒炒一錢　黄柏酒炒一錢　柴胡一錢

升麻一錢　羌活一錢　防風二錢　生甘草二錢　炙甘草二錢

白水煎去渣加蔓荊子五分川芎三分再煎去渣臨卧服

七情眩暈

七情寒熱喜怒憂愁悲也。七情鬱久則傷氣。氣鬱生火。火鬱生痰。痰火過極則生風。風火上浮則眩暈。火本動也。火焰得風。自然旋轉。内經謂之掉眩。掉者動搖也。眩者。昏亂也。三因方治以七氣湯。半夏辛温除痰開鬱。厚朴苦温降氣散滿。茯苓淡滲。通腎交心。蘇葉辛香。祛風和血。山梔寒苦瀉火清熱。鬱結解。則痰火平。眩暈自愈矣。越鞠丸加減服之亦可。臨症酌用為要。

七氣湯

半夏姜炒三錢　厚朴姜炒三錢　茯苓四錢　蘇葉二錢　山梔二錢

白水煎一方加乳香以其能活血祛風也

越鞠丸

香附醋炒　蒼朮米泔水炒　川芎　神曲　山梔

各等分研末水丸空心開水下三錢。濕鬱加茯苓白芷。火鬱加青黛。痰鬱加半夏南星瓜蔞海石。血鬱加桃仁紅花。氣鬱加木香。食鬱加麦芽山查砂仁。挾寒加吴茱萸。春加防風。夏加苦參。冬加乾薑。所謂升降浮

沉則順之。寒熱温凉則逆之也。

氣虛眩暈

眩暈有因汗多亡陽所致者。此氣虛也。按汗為心液。在内為血。在外為汗。汗多則亡陽。陽主氣。氣虛則清陽不能上升頭目。故眩暈也。法宜升陽補氣為主。準繩治以參菊湯。人參甘温。固精育神。白朮甘苦。和中益氣。當歸辛温。養心血以通脉。川芎辛潤。補肝燥以助陽。菊花甘苦。益金水而平風木。並治頭眩。升柴辛苦。引諸藥而行陽道。亦且升清。良方也。若氣虛有痰者。益元湯主之。

參菊湯

人參一錢　白朮炒一錢　當歸一錢　川芎六分　菊花六分
升麻蜜炒五分　柴胡蜜炙五分　甘草五分　白水煎服

益元湯

人參　黃芪　白朮　當歸　橘紅
茯苓　半夏　天麻　川芎　甘草
白水煎一方有白芍

血虛眩暈

眩暈有因血失亡陰所致者。此血虛也。按心主血。脾統血。肝藏血。血屬陰。亡血過多。則陰虛而陽無所附。以致陰火上浮。故暈眩也。法宜益氣補血為主。準繩治以養榮湯。參芪苓朮益氣。熟地歸芍補血。此陽生陰長之義也。合五味固肺以肺主氣也。合陳草健脾。以脾統血也。少加遠志通腎交心。桂枝調營和衛。五臓互相交養。而其要則歸於養榮也。六味丸亦主之。

養榮湯

人參　黃芪　白朮　茯苓　甘草　熟地
白芍　當歸　廣皮　遠志　五味子　桂枝
白水煎

六味丸

熟地　山萸　山藥　茯苓　丹皮　澤瀉

研末蜜丸空心開水下三錢陳良甫加當歸白芍

氣血兩虛眩暈

眩暈有因汗多亡陽下多亡陰所致者此氣血兩虛也按汗多則傷氣下多則傷血氣血俱傷則升降失常清濁相干陰陽不濟故眩暈也容齋治以加味調中益氣湯人参黃芪甘温補氣當歸川芎辛温養血升柴辛苦助陽升清柏橘辛寒補陰降濁加蔓荆細辛之辛苦者通九竅以清頭目白芍甘草之甘酸者補三焦以平陰火更加飴糖以和中土桂枝以調營衛效方也十全大補湯亦主之

加味調中益氣湯

人参一錢　黃芪炒一錢　當歸一錢　川芎五分　甘艸炙六分
橘紅五分　黃柏酒炒四分　升麻四分　柴胡四分　蔓荆子三分
細辛二分　白芍炒一錢　飴糖錢五　桂枝五分　白水煎

和榮湯

人参　白朮　生地　當歸
天冬　麦冬　五味子各二錢

白水煎有痰加薑汁竹瀝

十全大補湯

人参　白朮炒　茯苓　甘草炒　熟地
當歸　白芍酒炒　川芎　附子製　黃芪

白水煎

陰虛眩暈

眩暈有發熱嗽痰盗汗心煩六脉沉数而濇者此陰虛也按血屬陰陰虛則盗

汗發熱。心主血。血虛則痰嗽心煩。血不足。則脉濇。內伏熱。則沉数。火上浮。則眩暈。皆由色慾過度所致也。保元集治以清離滋坎湯。二冬二地。補腎清心。山藥山萸。濇精固氣。丹皮歸芍。養血補陰。澤瀉茯苓。去邪降濁。黄柏入血分以清相火。知母入氣分以滋真水。令水火相濟。諸症自平矣。

清離滋坎湯

生地一錢 熟地一錢 天冬一錢 麦冬一錢 當歸一錢
茯苓一錢 丹皮六分 山藥一錢 山萸一錢 澤瀉五分
白芍酒炒一錢 知母蜜炒五分 黄柏蜜炒五分

白水煎 一方有白朮一錢甘草三分痰盛加竹瀝貝母蔞仁薑汁熱盛加地骨皮童便汗多加黄芪棗仁嗽多加五味子怔冲不寐加遠志棗仁氣逆加橘紅吐血衄血加犀角元參泄瀉加蓮肉去知柏減二冬氣弱加人參

陽虛眩暈

眩暈有氣短氣急。自汗。手足厥冷。六脉沉細者。此陽虛也。按氣屬陽。陽虛則手足厥冷。肺主氣。氣虛則短急自汗。正氣不充。則脉沉而細。真陽欲絕。則頭眩而暈。皆因勞神過度所致也。保元集治以參附湯。人參甘溫。大補肺中元氣。益土生金。寧神養智。附子辛熱。能权散失元陽。補火生土。固正溫經。令內外得春生之氣。諸症自痊矣。若因汗後陽虛眩運者。建中益氣湯主之。

參附湯

人參五錢 附子炮三錢 生薑十片水煎服

建中益氣湯

白朮一錢 桂枝五分 白芍錢五 甘草五分 飴糖二錢 當歸六分
人參一錢 黄芪一錢 柴胡蜜炒三分 升麻蜜炙三分 廣皮三分 水煎服

胃虛眩暈

白水煎本方合六味為丸服亦妙

白术[illegible]合六味[illegible]服后方

甘草 橘红 生姜 麦冬
人参 黄芪 白术 当归
右[illegible]煎汤
[illegible]味乃本方加杜仲白术黄芪黄柏五味子当归人参名固真丸治回
研末蜜丸空心开水下五钱作大剂煎服亦可本方加肉桂附子名八
地黄 山药 山萸 茯苓 丹皮 泽泻
六味丸

[illegible]

丹皮养阴和血泽泻降浊利窍[illegible]入六味[illegible]主之以滋[illegible]
景治以六味丸[illegible]黄芪水固阳山药补肺山萸固气[illegible]
麻痛。气不归源。则[illegible]遗[illegible]。虚火上炎。则口渴头晕。水[illegible]大[illegible]则[illegible]
为先天之本。[illegible]以[illegible]化源者也。[illegible]虚不能[illegible]水。则生痰[illegible]。[illegible]
[illegible]有湿[illegible]上[illegible]。手足麻[illegible]。口渴[illegible]。六脉[illegible]数者。[illegible]
[illegible]

麦芽 神曲 陈皮 白术[illegible]
苍术 茯苓 泽泻 干姜 黄柏
半夏 白术 天麻 人参 黄芪
半夏白术天麻汤
麦芽助戊己运行干姜以温中寒黄柏以平少火之胜者也。
[illegible]
[illegible]
[illegible]
[illegible]

汗。[illegible]之主也。宜[illegible]。[illegible]不可[illegible]。则[illegible]数[illegible]

不能通明。神氣不能宣暢。故目黑飛花而眩暈也。治以鹿茸湯。鹿茸甘温。生精助陽。煖腰腎之虛冷。麝香辛香。開經通絡。温水臟之虛寒。驗方也。

鹿茸湯

鹿茸 五錢　射香 三分

酒煎去渣入射香和服八味地黃丸亦主之

八味地黃丸

熟地　山萸　山藥　丹皮

澤瀉　附子　肉桂　茯苓

水煎服

鬱熱眩暈

朱丹溪云。眩暈因於熱鬱者。脉必數。頭必熱。時或面紅。按脉為血道。頭為陽首。熱鬱於內。則脉數。熱鬱於上。則面紅。皆由腎水不足。正氣不充。清陽不升。濁陰不降。脉絡之運用失常。以致鬱熱而眩暈也。治以安神湯。生地知柏。滋水清火。黃芪甘草。固氣生血。羌活防風。散頭目之熱滯。柴胡升麻。調清濁之升降。鬱熱解。眩運自平矣。

安神湯

生地 一錢　知母 酒炒五分　黃柏 酒炒五分　黃芪 炒五分　生甘草 五分

炙甘草 五分　柴胡 五分　升麻 五分　防風 五分　羌活 一錢

白水煎去渣加蔓荊子五分川芎三分再煎服

風熱眩暈

東垣云。眩暈因於風熱者。脉浮而數。鼻塞身倦。按脉浮屬風。脉數屬熱。頭為陽首。風為陽氣。風傷於衛。先入肺經。肺開竅於鼻。風入於肺。故鼻塞。風入太陽。故身倦。風邪化熱。上攻巔頂。故眩暈也。治以羌活湯。羌活防風。利周身以散頭目之邪。芩連黃柏。達上下以鮮蘊釀之熱。柴胡升清。芩瀉降濁。花粉潤燥。甘草和

中。風熱散。眩暈自平矣。

羌活湯

羌活　防風　黄芩酒炒　澤瀉　黄連酒炒

柴胡　茯苓　花粉　甘草　黄柏酒炒

白水煎

風濕眩暈

眩暈因於風濕者。凡〻欲吐。兩頰青黄。懶言身倦。不時舉發。按脾屬土。土生濕。濕生熱。熱生痰。痰濕滯於太陰。則凡〻欲吐。外風入於厥陰。則目旋頭昏。兩頰青黄者。木尅土也。懶言身重者。濕在經也。風濕上攻。故頭眩也。保命集治以玉壺丸。白朮補脾燥濕。天麻入肝祛風。半夏和胃而通陰陽。南星逐痰而開結滯。雄黄搜肝強脾。除風濕以療眩運。驗方也。

玉壺丸

白朮二兩　天麻二兩　半夏製　南星煨二兩　雄黄一兩

研末薑汁為丸開水下一錢

芎朮湯 濟生方治冒雨濕吐眩

川芎　白朮炒　半夏製各一兩　甘草炒五錢

研末每服四錢水煎和薑汁服

蒼〻散 治風濕熱頭眩

蒼朮五錢　蒼耳子三錢　黄芩酒炒一兩

細辛二錢　羌活五錢　防風五錢

研末每服三錢茶湯下

風寒眩暈

眩暈因於風寒者。脉浮緊。畏風惡寒。鼻塞嘔吐。按脉浮為風。脉緊為寒。傷風則畏風。傷寒則惡寒。風寒在腦。則鼻塞頭重。風寒在經。則嘔吐眩運。劉宗厚所謂

上實下虛者是也。上實邪實也。下虛氣虛也。濟生治以芎辛湯。川芎辛溫上行頭目。下行血海。開鬱搜風。細辛辛溫。上通巔腦。下潤腎燥。利竅祛風寒。白朮甘苦調中。甘草甘平益氣。生薑通絡去邪。芽茶清頭利目。良方也。

芎辛湯

川芎一錢 細辛五分 白朮一錢 甘草五分

生薑一片 芽茶五分 白水煎服

川芎茶調散 治諸風眩暈

川芎両 薄荷四両 荊芥両 羌活両 白芷両

細辛三錢 防風五錢 乾薑二錢 甘草両

研末每服二錢茶湯調下

吐衄崩漏眩暈

眩暈在吐衄血婦人崩漏後者。此血虧也。按心主血。脾統血。肝藏血。血熱則吐衄。血虛則崩漏。氣不固血。血隨氣泄。陰火上浮。故眩暈也。本事方治以川芎散。人參甘溫補氣。當歸辛溫養血。生地甘寒滋腎涼肝。山藥甘平。和脾益肺。山萸肉酸溫安臟。白茯神甘淡寧心。菊花甘苦平風木以降火。川芎辛散上頭目以清陽。良法也。若風入血分而眩暈者。名為血風。四神散主之。

川芎散

人參五錢 當歸五錢 生地一両 山藥五錢

山萸一両 茯神五錢 菊花五錢 川芎三錢

研末每服二錢酒下

四神散 治婦人血風眩暈

菊花 當歸 荊芥 旋覆花

等分研末每服二錢葱白一枚茶六分水煎服

芎歸湯 治血虛頭眩頭痛

當歸 三錢 川芎 一錢 龜板 一大個 白水煎並治頭痛一方無川芎

痰飲眩暈

眩暈有猝時嘔吐。心下痞悶者。此痰飲也。按心下痞而嘔吐者。是膈間有水。水氣上逆也。嘔吐之後。濁邪亂其清明。故眩暈也。仲景治以小半夏加茯苓湯。半夏辛溫。逐痰和胃。生薑辛熱。下氣止嘔。茯苓甘淡。利水降濁。去痰飲。即所以止眩暈也。若心下有支飲。其人苦眩冒者。澤瀉湯主之。以澤瀉利水。則飲不畜。以白朮燥濕。則痰不生。皆妙法也。

小半夏加茯苓湯

半夏 生薑 茯苓 白水煎

澤瀉湯

白朮 二兩 澤瀉 五兩 白水煎

風痰眩暈

[illegible]於風痰者。脉浮滑。胸悶氣逆。或痰嗽。按脉浮為風。脉滑為痰。風傷於衛。[illegible]氣傷而不清。則脾濕動而生痰。風痰滯於中焦。則胸悶氣逆。風痰[illegible]眩頭昏。心法治以人參前胡湯。邪之所湊。其氣必虛。以參草補[illegible]頭故眩。以前蘇散之。南星半夏化痰。苓橘木香降氣。治風痰即[illegible]白附子丸亦主之。

[illegible]湯

蘇葉 半夏 南星

木香 甘草 生薑

白附子 半夏 炮

[illegible]生炮 天麻 菊花 川芎

[illegible]覆花 乾姜 橘紅 殭蚕

研末姜汁為丸桐子大荊芥湯下五十丸

產後眩暈

李東垣云。產後眩暈。因陰血暴亡。心神無養。虛火上炎所致也。夫心主血。肝藏血。肝虛則魂無所附而目暈。心虛則神不守舍而火乘。心君火也。肝相火也。得血則安。亡血則危。故眩暈也。治以川歸湯。當歸川芎。養血補陰。人參龟板。固氣清火。加童便引熱下行。良法也。崔氏用醋一碗。將鉄錘燒紅投醋內。令熱氣薰產婦。亦止眩暈之妙法。以醋主收斂也。

川歸湯

人參二錢　當歸三錢　川芎一錢　龟板一個

白水煎服

揔治外感眩暈

張景岳云。眩暈一時暴發。必因風寒暑濕。鬱於肌膚。行於腠理。內鼓經絡。動生痰火。致外有餘而內不足。上脉溢而下脉空。所以頭重脚輕。如坐舟車。轉旋無定。此外感眩暈也。治以祛邪飲。防風羌活。通經脉以散外。川芎甘草。調氣血以和裡。橘紅半夏。理氣疎痰。天麻茯苓。驅風定眩。並立加減於後。留者其通變乎。

祛邪飲

防風　羌活　川芎　甘草　半夏

橘紅　天麻　茯苓　生薑

白水煎。如有寒加乾薑五分　如有火加黄連七分去羌活

如氣虛加人參一錢白术一錢五分去羌活川芎

如血虛加當歸秦艽各一錢去半夏羌活　所謂〻火不暈無痰不眩〻邪不發〻虛不病是方兼而治之也

揔治內傷眩暈

張景岳云。眩暈微〻舉發。必因精神久衰。氣血不足。经络漸虛。客邪浸裡。生火

生痰，以致頭昏目黑，如入風雲，身不自主，此内傷眩暈也，治以固正湯，人參補氣，當歸養血，枣仁專益肝虛，茯神最安心臟，菊花可平風木，天麻能定頭眩，牛膝引熱下行，車前導熱下降，橘紅宣滯，薑汁通陽，並立加減於後，醫者其活法乎。

固正湯

人參　當歸　枣仁　茯神　菊花

天麻　牛膝　車前　橘紅　生薑

白水煎，如有痰加半夏一錢，去牛膝、當歸。

如有火加首烏三錢，菊花五分。

如産後血虛加人參五分，川芎一錢，去天麻、牛膝。

如氣血兩虛加人參一錢五分，白术、黄芪各一錢，去天麻、牛膝，見症再行活法，亦不可拘也。

丹溪云：一男子七十九歲，病眩暈，手足無力，不時吐痰，左脉散大而緩，右脉緩大無力，口渴食減，大便三四日一行，投以人參、黄芪、當歸、白芍、白术、甘草煎湯，另用黄連、黄柏俱薑汁拌炒研末，薑汁為丸桐子大，以藥湯下三十丸，服半年而愈，精力更強，此内傷眩暈之症也。丹溪又云：眩暈不可當者，用大黄三錢，酒拌炒干為末，茶湯調下，每服一錢至二錢，此治實熱之眩暈也，虛者切不可服。

脉候

左手脉數熱多　脉濇有死血　脉微屬氣脱

右手脉實屬痰積　脉大是久病　脉滑為痰　脉洪為火

脉浮為風　脉緊為寒　脉細為湿　脉虛為暑

言亂自汗下利，此虛脱候，难治

癲狂癇論

癲者。顛倒錯亂。言語不倫。或歌或泣。或悲或笑。如醉如癡。汚穢不知。經年不愈。此由抑鬱不遂。侘傺無聊。精神恍惚而得。俗名失心風。內經謂之巨陽厥。狂者。狂亂不正。猖狂剛暴。不避水火。不識親疎。登高而歌。棄衣而走。語言怪悍。如有邪附。此陽氣太盛。胃與大腸。燥火鬱結所致。俗名瘋子。內經謂之陽厥。癇者。間也。間斷而發也。發則卒然倒仆。昏不知人。口吐涎沫。甚則瘈瘲抽掣。兩目上視。口眼喎斜。或作六畜聲。此在母腹中受驚所致。俗名羊兒瘋。內經謂之癇瘈。按癲屬陰。狂屬陽。癇屬驚。其病不同。而治法亦異。癲為心血不足。狂為痰火實盛。癇獨主乎痰因火動。三症晝發者屬陽。夜發者屬陰。巢氏立五癲之名。一名陽癲。二曰陰癲。三曰風癲。四曰濕癲。五曰馬癲。錢氏立五癇之說。一曰雞癇。二曰犬癇。三曰羊癇。四曰猪癇。五曰牛癇。三因方論又復有馬癇。惟狂症獨云痰火。皆屬妄談。大抵治癲宜安神養心。治癇宜降火平肝。治狂宜下痰奪食。此大畧也。神而明之。存乎其人。若神脫目呆。牽延日久。縱有靈丹。有何益哉。

癲病

張介賓云。陰虛陰[陽]實。則癲。癲病多笑。語言錯乱。或正或邪。或歌或泣。如醉如癡。由志意不遂。思慮妄作。羞慚自悔。五臟氣血乖離所致也。心虛則胆怯多疑。肺虛則多憂善悲。脾虛則失意不樂。肝虛則抑鬱善怒。腎虛則失志自愧。神志先虛。神明受病。雖有痰火。總屬虛症。法宜清補。治以五德湯。棗仁寧心。柏仁潤肺。茯神益脾。當歸養肝。遠志溫腎。菖蒲開竅。天麻通脉。甘草和中。安神即所以治癲也。何慮痰火不清哉。

五德湯

棗仁炒三錢 柏子仁五分 茯神一錢 遠志一錢
當歸錢五 石菖蒲五分 天麻錢五 甘草三分
白水煎 火盛加羚羊角黃連各五分 痰鬱氣鬱加鬱金三錢貝母

一錢橘紅一錢　氣虛久病加人参二錢去菖蒲血虛加川芎一錢

痰癲

王叔和云。陽附陰則癲。腰以下至足熱。腰以上則寒。蓋陽氣虛。不能衛外。則附陰而下陷。故下熱而上寒也。李時珍云。癲病起於鬱結。鬱久生火。火生痰。痰隨氣升降。無處不到。入心則迷。致成癲病。宜先吐其痰涎。後安其神志。陳無擇治以控涎丹。痰本水也。湿也。得氣與火則結。大戟泄臟腑之水。甘遂行經隧之湿。芥子散皮膜之痰。痰吐之後。即以神虎丸。補氣育神為主。惟善治者得收奇功也。

控涎丹

大戟　甘遂　白芥子

等分研末為丸淡薑湯下七丸壮者倍之不吐必瀉吐不止服射香五分即止

神虎丸

人参　茯苓　琥珀　棗仁

遠志　菖蒲　乳香　硃砂

研末蜜丸空心開水下三錢

驚恐癲

癲因驚恐起者。以驚氣歸於心。恐氣歸於腎也。驚則氣亂而心無所主。神無所依。慮無所定。恐則氣下而精却。却則上焦閉。閉則氣還。還則下焦脹。氣不行。以致氣血分離。陰陽走散。經絡厥絶。脉道不通。行度失常。故喜笑癡迷而病癲也。醫方治以抱龍丸。銀鉛甘寒。稟壬癸之氣。通腎安神以鎮怯。硃砂甘凉。稟火土之精。入心定驚以辟惡。乳香温苦。利心腎之竅。舒筋活血以調氣。更用清心湯緩緩調之。

抱胆丸

鉛一兩五錢　硃砂研一兩　乳香研一兩　水銀二兩

遠志。解鬱開竅。蓄熱散。心主自明矣。

清神湯

黄連　黄芩　麦冬　花粉　菖蒲

竹葉　丹參　茯神　遠志

水煎服一方有牛黄二厘

鬱結癲

癲因鬱結者。如醉如癡。坐卧不寧。神形恍惚。語言顛倒。此憂思過度。痰入心包所致也。盖痰為臟府之精液。静則安。動則變。変由氣鬱生火。火結為痰。痰迷包絡。則心主不明。故有如醉如癡等象。醫方治以白金丸。白礬酸寒鹹濇。燥濕驅涎。化痰墜濁。鬱金辛苦輕寒。清火解鬱。下氣破結。二藥能入心之包絡。散惡血逐頑痰。良方也。

白金丸

鬱金七兩　白礬三兩

研末米湯丸另用薄荷生薑菖蒲各五分煎湯下二錢

七氣癲

癲因七氣者。痰涎結聚。咯不出。嚥不下。胸滿氣粗。或嘔或咳。語言錯亂。按七氣。寒熱喜怒憂恐悲也。寒則氣收。熱則氣泄。喜則氣緩。怒則氣上。憂則氣結。恐則氣下。悲則氣消。氣生火。火生痰。痰聚於中。迷於包絡。故胸滿嘔咳錯亂而病癲矣。三因方治以七氣湯。半夏除痰鬱。厚朴散氣滿。蘇葉寬中膈。茯苓通心腎。痰化氣行。結散癲平矣。

七氣湯

半夏姜炒五錢　厚朴姜炒三錢　茯苓四錢　蘇葉二錢

薑一片棗丶一枚水煎服

血迷癲

龔雲林云。有婦人病癲。歌笑無時。踰垣上屋。此血迷心之包絡也。按心屬火。在聲為笑。脾屬土。在聲為歌。心生血。血生脾。包絡居心之下。代心行事。血迷包絡。則脾不生血以養心。心血滯而神不明。故歌笑也。踰垣上屋者。神亂而火動也。治以加味逍遥散。歸芎生地。養血榮心。白朮甘草。補脾和氣。柴胡解鬱升陽。茯苓通心交腎。生薑行滯祛痰。薄荷和中疎逆。加紅花蘇木破瘀。遠志桃仁開竅驗方也。

加味逍遥散

生地　當歸　白芍　白朮　甘草
柴胡　茯苓　紅花　蘇木　遠志
桃仁　薄荷　生薑

白水煎火旺去生薑加生山梔

肝虚癲

孫兆云。有癲病日夜不安。半年不愈者。此肝虚而胆怯也。按肝藏魂。心藏神。肝與胆相為表裡。肝虚則卧不安。胆怯則心易動。以十一官皆取決於胆也。其病癲者。由思慮不決。神魂不定。肝胆受傷所致也。治以靈苑辰砂散。辰砂定心安神。棗仁補肝益胆。乳香通經活絡。研末酒下。恣飲沉醉。令卧淨室。病淺者卧半日。病深者卧一二日。卧時勿驚。聽其自醒即愈。得卧者酒力也。醉則神昏。昏其神而神始安。妙理也。若恍惚怔忡。心神不定者。河車丸主之。

靈苑辰砂散

辰砂一兩　棗仁炒五錢　乳香去油五錢

研末酒下加人參一兩名寧志膏治同

河車丸

河車一具洗淨煑熟焙乾為末蜜丸酒下

見鬼癲

陳良甫云。有婦人癲病。眼見鬼物。言亂直視。用心藥不效。此憂思忿怒所致也。按眼屬肝腎。肝藏魂。腎藏志。肝開竅於目。腎聚精於瞳。忿怒傷肝。憂思氣結。以致腎水不升。肝火上逆。則言亂目直。魂不守舍。志不安宅。則眼見鬼物。治以養正丹。精石瀉火補陰。硫黃利滯益陽。硝石軟堅散結。靈脂活血通脉。二皮疎氣。乳香行經。更以三生飲。通行經絡。其癲立愈。

養正丹 即来復丹

太陰元精石 水飛 ㄗ　硫黃 ㄗ　硝石 ㄗ 同硫黃為末入磁碟内微火炒柳條攪火不可太過恐傷藥力共研細

五靈脂 去砂 二两　青皮 去白 ㄗ　陳皮 去白 ㄗ

研末醋丸豌豆大每服三十丸乳香湯下

三生飲

生南星 ㄗ　生川烏 五錢　生附子 五錢　木香 二錢　人參 ㄗ

研末每服五分參湯下

産後鬼癲

繆仲淳云。産後病癲。持刀殺人。乍見鬼神。言語怪亂。此陰血暴亡也。按肝藏魂。心藏神。肝主血。心生血。産後血虛。心肝失養。神魂耗散。故有此等惡症。治以澤蘭湯。澤蘭利節通竅。和血去瘀。地黃滋陰養陽。填精益髓。當歸調心肝以潤燥。棗仁補心肝以寧神。茯神定志安魂。遠志通心交腎。牛膝破滯強筋。童便化於降火。良法也。若血淤心竅肝葉者。加蘇木桃仁丹參鬱金。活法行之。庶不失手。

澤蘭湯

澤蘭葉　地黃　當歸　茯神

酸棗仁　遠志　牛膝　童便

白水煎服

臟燥似癲

張仲景云。婦人無故悲傷。悽慽淚下。數欠伸。象如神靈所作者。此臟燥也。蓋臟

即心臟也。燥者心虛也。內經曰。心虛則悲。又曰神不足則悲。夫悲傷則心動。心動則宗脉感而液道開。故哭。悲哭甚。則中氣消。氣消則營衛不利。令陰陽相引。故欠伸。如神靈者。言其無故悲泣而若有神鬼使之也。治以甘麦大棗湯。內經云。悲則心系急。甘草大棗。補中以緩急。靈樞經云。心病宜食麦。小麦凉心血以除煩。神方也。此症産後多有之

甘麦大棗湯

甘草三两　小麥一升　大棗十枚

白水煎亦補脾氣

夢交癲

大全云。婦人夢與鬼交。妄見妄聞。言亂語怪。此心虛也。按心為君主。生血藏神。代心行事者包絡也。包絡虛。則心亦虛。其所以虛者。由思慮過度。以致心無所主。神不守舍。則夢魂顛倒。火動氣浮。血虛志亂。則語言妄怪。治以茯神散。二茯甘淡。寧心育神。人參甘溫。補氣生血。石菖蒲辛苦芳香。宣陽開竅。赤小豆甘酸鹹冷。散結通經。良方也。若失血心虛致癲者。寧志膏主之

茯神散

茯神一两　茯苓二两　人參二两　石菖蒲一两　赤小豆五錢

研末每服八錢水煎服

寧志膏

辰砂　棗仁炒　人參　茯神　琥珀各八錢　乳香錢五

研末每服一錢灯心大棗湯下一方無琥珀蜜丸彈子大薄荷湯下一丸

狂病

張介賓云。陰虛陽實則狂。狂病多怒。妄言詈罵。不避親疏。不畏寒熱。不知飢飽。不懼水火。裸形露體。登高踰屋。平素所不能者而悉能之。此由暴怒傷肝。致六腑之火動。肝屬木。木生火。火乘於胃。胃與大腸為表裡。俱屬陽明。兩陽亢極。而

又與肝木並燥。燥則心神妄動。火旺生痰。痰迷内竅。故病狂也。總屬實症。治以三黃湯。黃芩黃連瀉火。甘草山梔清熱。荆芥薄荷升散於上。枳實硝黃蕩滌於下。加鉄鏽者。取金以制木也。火降則痰消。狂病自平矣。

三黃湯

黃連　黃芩　大黃　山梔　薄荷

荆芥　甘草　枳實　朴硝　鉄鏽

白水煎服後、聽其吐瀉、如不愈再服一帖、服後只與米湯三口、外再吃粥、若早與粥吃、必復發难愈、

如胸中痰涎壅閉、先用瓜蒂散吐之、繼服前方下之、

如狂甚不能服藥、以甘遂二錢、量虛實增減、研末入飲食中、任其自吃以吐瀉之、輕者即愈、重者服前方一二劑必愈、

如人事已省、心境尚有未明、服滚痰丸二三錢、

如怒氣傷肝者、服龍薈丸三錢瀉之、

如産後血虛、兼有瘀血、凝於衝脉、病狂者、前方加歸尾紅花各一錢五分、桃仁三錢、去山梔黃芩、煎好去渣、入鉄鏽水一酒杯、煎一二沸、入酒製大黃三錢、再煎一二沸服、

瓜蒂散

甜瓜蒂 即香瓜炒黃、　赤小豆

研末、熟水或酸虀水調之、一錢、量人虛實增減、吐之、吐時須令閉目、緊束肚皮、吐不止者、葱白湯觧之、如不吐、含砂糖一塊即吐

滚痰丸

青礞石一兩　沉香五錢　大黃酒蒸八兩　黃芩八兩

先將礞石打碎、用硝一兩、同入瓦罐、盐泥封固、晒乾、火煅、石色如金為度、研末和諸藥末、水丸、量虛實服之、服後不宜飲水行動、仰卧片時、本

方加犀角一両牙皂一両射香一錢硃砂一両名清心滚痰丸

龍薈丸

龍胆草　當歸酒洗　山梔炒　黄連炒　黄柏炒　黄芩炒各两

大黄酒浸　青黛水飛　蘆薈各五錢　木香二錢　射香五分

研末蜜丸薑湯下三錢

怒狂

帝曰。有病怒狂者何。岐伯曰。生於陽也。陽氣暴折而難決。胆木挟三焦相火與太陽陰火上行。故怒。病名陽厥。奪其食即已。夫食入於陰。長氣於陽。奪食者。使不助陽氣也。帝曰。陽明病甚。棄衣而走。登高而歌。或数日不食。何也。岐伯曰。四肢者。諸陽之本也。陽盛則四肢實。實則登高。熱盛於身。故棄衣而走。治以鉄落散。鉄落平肝下氣。石羔清熱降火。龍齒鎮心安魂。茯苓養神。元參滋水。秦防通絡。竹瀝化痰。此高者抑之之法也。

鉄落散

鉄落即打鉄落屑一斤　石羔三両　茯苓两五錢　秦艽一両

龍齒一両五錢　元參一両　防風两錢　竹瀝二合

先煎鉄落後入諸藥取汁去渣和竹瀝服

陽厥狂

經云。陽明實。則脉伏而狂。怒罵歌哭。身表如氷。按足陽明屬胃。手陽明屬大腸。胃與脾為表裡。脾為陰。胃為陽。陰脉從足上行。陽脉從頭下行。兩脉有更虚更實之變。陽厥者。由太陰之脉逆上。陽明之脉不得下行而返上。故厥。厥則畜積於中。甚則為熱。熱極則狂。狂脉見伏者。陰乘陽。陰中伏陽也。仲景治以當歸承氣湯。硝黄下熱。當歸養陰。甘草緩中。棗薑和土。経云微者逆之。甚者從之。此之謂也。

當歸承氣湯

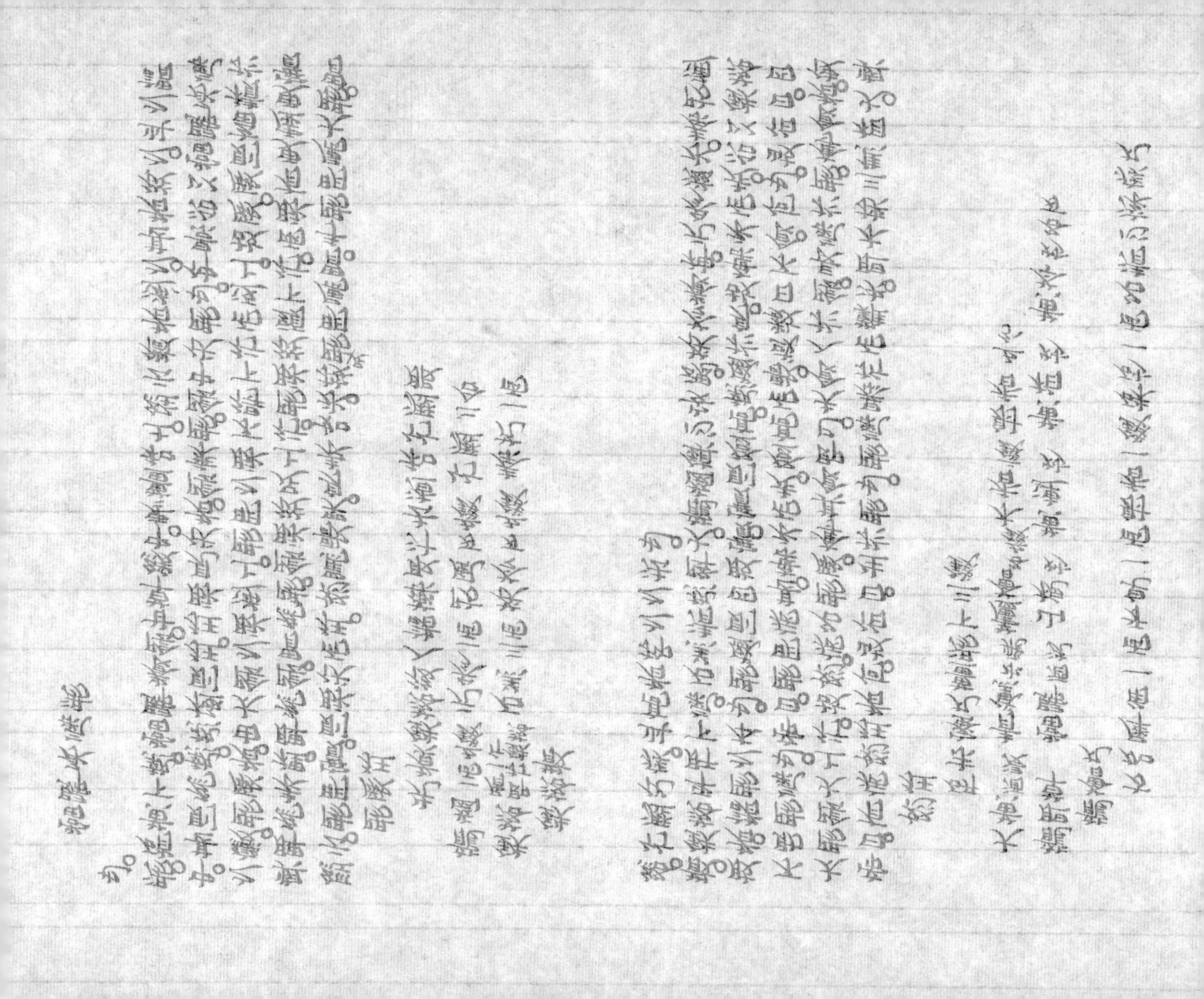

大黄 芒硝 當歸 甘草

薑三片枣二枚水煎服如不已大承氣下之

大承氣湯

大黄酒洗四 芒硝三合 厚朴八两 枳實五枚

先煮朴實将熟納大黄煮三五沸傾碗内和硝服

鬱狂

張子和云。狂病有口臭如虫行。两手爬搔。数年不已。六脉洪大者。此肝火也。脉洪而口臭如虫行者。火象也。肝主謀。胆主決。肝屡謀而胆屡不能決。屈無所伸。怒無所洩。心火盤薄。乘於胃土。而胃土又因肝胆之相火。随木氣而鬱結於中。故暴狂也。法宜先置病人於浴室中。湧其汗出三次。継以調胃承氣湯下之。大黄除熱散火。芒硝潤燥通結。甘草緩中和胃。令表裡通而鬱結解。其狂自平矣。此木鬱達之。火鬱發之之義也。

調胃承氣湯

大黄 芒硝 甘草

白水煎下二十行瘀血相雜数升即愈

虚狂

準繩云。虚狂者。日夜不眠。語言錯乱。時或高聲呌罵。狂亦不甚。此陰虚也。按人卧則血歸於肝。陽氣入於陰分。則目瞑。陰氣與陽氣相合。則安卧。不眠者。陽不行陰也。言乱者。陽氣獨盛也。或高呌而不甚者。虚象也。大全治以寧志膏。枣仁補肝益胆。硃砂鎮心安神。人参固正調元。乳香行經活絡。令衛氣得入於陰。而陰得衛濟不虚。陽無衛助不盛。陰陽均平。其病自愈。此虚者補之之法也。一醉散亦主之。

寧志膏

枣仁炒 硃砂 人参 乳香

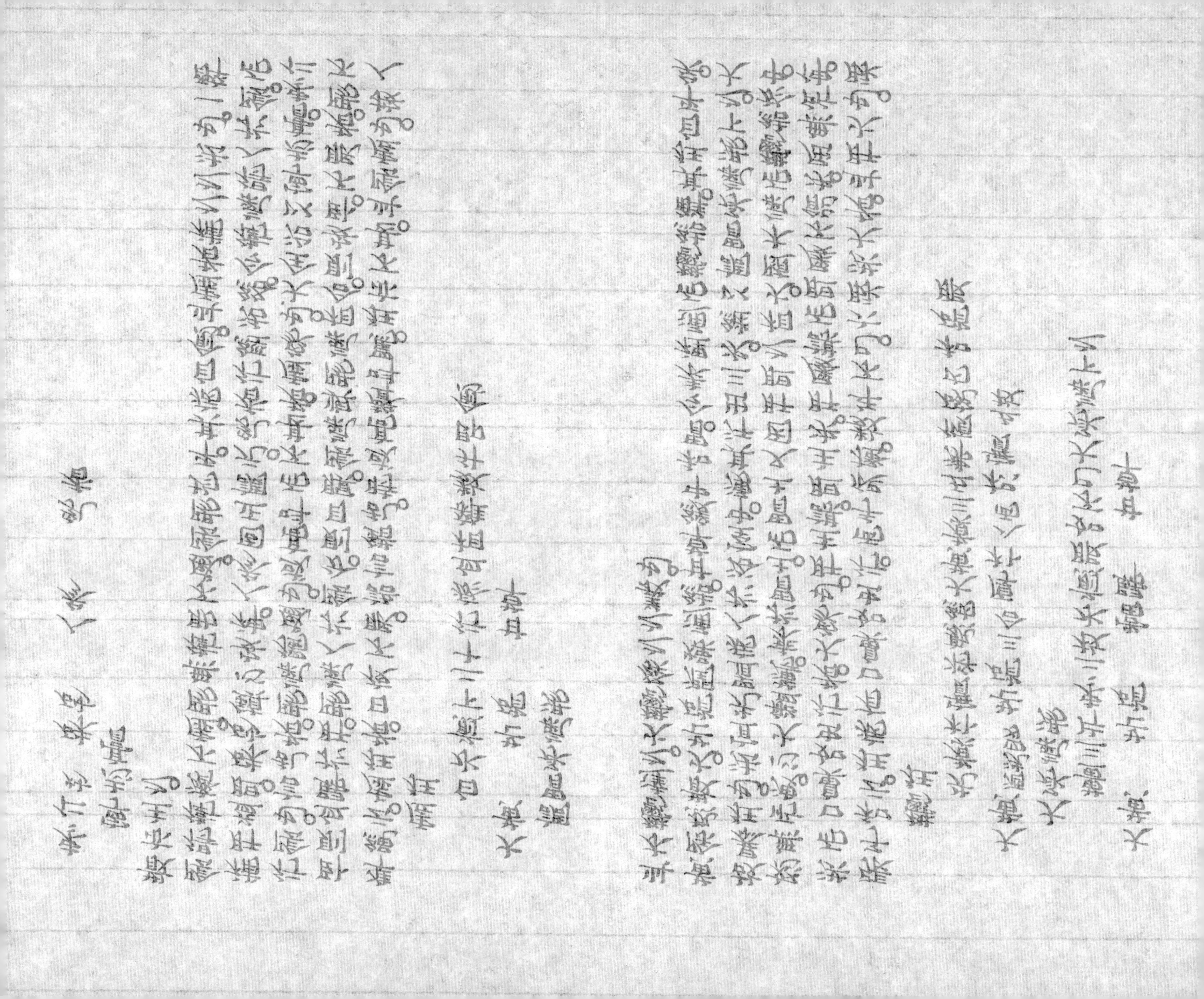

研末蜜丸薄荷湯下三錢酒下亦可睡後聽其自醒切勿驚動

一醉散

硃砂五錢研飛　蔓陀羅花二錢五

研末酒調二錢服後便卧勿驚聽其自醒

魂狂當以喜勝之

經云。悲哀動中則傷魂。魂傷則狂妄不精。不精則不正。按肝藏魂。悲則心系急。肺葉舉。宗氣不得散布於榮衛。熱氣在中。肝木不能條達則鬱結而魂傷。狂妄不精者。以氣消不能生精也。精散則神亂而不正矣。仲景治以防已地黃湯。生地滋水生木。甘草補氣緩中。防風升陽通絡。桂枝調衛和榮。防已行十二經。通腠理而利九竅。此治傷魂致狂之神方也。本事驚氣丸亦主之。

防已地黃湯

生地二斤酒浸　防已一錢　桂枝三錢　防風三錢　甘草二錢酒浸

将生地酒浸取汁諸藥亦酒浸一宿取汁和勻服共用酒煎服亦可

驚氣丸

製附子　木香　殭蚕　天麻　麻黃

橘紅　乾葛　南星各五錢　蘓葉一兩　射香一錢

研末蜜丸元眼大金箔硃砂為衣每服一丸薄荷湯下一方有花蛇

魄狂當以恐勝之

經云。喜樂無極則傷魄。魄傷則狂。狂者意不存人。按肺藏魄。喜則氣緩。喜樂至於無極。則必笑。笑之不已。則心火動。火動灼金則生痰。痰迷心肺。則魄散神離而狂妄矣。意不存人者。以狂則昏亂。不避親疎。不知長幼也。全善治以辰砂丸。辰砂安神定魄。白礬降火化痰。鬱金散結清肺。此治傷魄致狂之法也。苦參丸亦主之。諸躁狂越皆屬火。苦參助水抑火。故留狂症。

辰砂丸

[illegible]

[illegible]
[illegible]
[illegible]
[illegible]
[illegible]

[illegible]

[illegible]

[illegible]	[illegible]	[illegible]	[illegible]
[illegible]	[illegible]	[illegible]	[illegible]

[illegible]

[illegible]

[illegible]

[illegible]

[illegible]
[illegible]
[illegible]
[illegible]
[illegible]

[illegible]

[illegible]

[illegible]

[illegible]

[illegible]

辰砂水飛　白礬　鬱金　研末蜜丸每服三錢開水下

苦參丸

苦參十两　研末蜜丸薄荷湯下三錢

風狂

準繩云。有婦人狂言怒罵。歌笑不常。眼與口角一邊吊起。似祟憑依。此素患頭風。風痰所致也。按頭為陽首。腦為髓海。眼口吊起者。風邪在太陽之經絡也。言笑怒罵者。風痰在少陰之血脉也。考風氣通於肝。肝脉上頭會腦。外風與肝風相觸。致挾少陽三焦相火上行。故作狂也。治以芎辛湯。川芎入手足厥陰。潤血燥而補肝虛。助清陽而開諸鬱。散結搜風。細辛入手足少陰。滋腎燥而益胆肝。利九竅而通精氣。破痰温腦。白术除濕。防風散滞。甘草和中。風去痰消。其狂立愈。

芎辛湯

川芎一两　細辛五錢　白术五錢　防風五錢　甘草五錢

研末每服五錢薑三片茶芽五分卧時水煎服

痰狂

戴院使云。有嬉笑怒罵。嘔吐涎沫。口眼喎邪者。此風痰發狂也。按笑屬心。怒屬肝。心藏神。肝藏魂。心為君火。肝為相火。火旺生痰。痰迷心絡。則嬉笑怒罵。木旺生風。風動火從。則口眼喎邪。嘔涎吐沫者。以涎沫乃一身之脂液。隨火上逆而出於口也。治以辰砂妙香散。辰砂安神。山藥清沫。參芪固氣。二茯降火。遠志通心。木香疎肝。射香開竅。甘草緩急。和以青州白丸子之南星半夏逐痰。白附川烏去風。令風痰散而神魂定。其狂自巳。

辰砂妙香散

辰砂二錢　人參一两　黄芪一两　茯苓一两　茯神一两

遠志炒一两　木香三錢　山藥酒炒　射香一錢　甘草二錢

研末每服二錢金箔五片真珠五分研末和青州白丸子一錢共為末

和匀姜湯下

青州白丸子

南星二两 半夏水浸七两 白附子二两 川烏去皮臍五錢

研末絹袋盛之水擺出粉以盡為度貯磁盆内日晒夜露春五日夏三日秋七日冬十日晒乾糯米糊丸菉豆大每服二十丸薑湯下𠀤治風痰上藥熱痰勿用

血狂

血狂者。熱入血室也。血室即肝臟之子宫也。其症暮則譫語發狂。如見鬼狀。或寒熱如瘧。按婦人傷寒七八日。邪當傳裡。值経水適来。邪不入府。乘虚而入血室。或經水適斷。表邪乘虚亦入血室。熱邪與血搏結不行。肝火拂鬱。致有狂妄等象。仲景治以小柴胡湯。柴胡升陽。黄芩養陰。半夏散逆。參草輔正。更以牛黄散之。硃砂鎮心。牛黄瀉火。丹參養神。丹鬱破結。氷片通竅。甘草緩中。驗方也。

小柴胡湯

柴胡 黄芩 半夏 人參 甘草

白水煎和牛黄丸

牛黄丸

牛黄二錢五 硃砂三錢 丹參三錢 丹皮三錢

鬱金三錢 甘草一錢 氷片一錢

研末蜜丸桐子大每服五丸白水下亦可　单用酒大黄為末童便調

服一錢亦妙

心風狂

心風者。心火妄動。而火熖生風也。盖心為君火。因憂思忿怒。以致肝火發之。相火助之。火旺生痰。迷其心絡。故談笑不止。語言錯雜而狂亂也。李太素治以將軍湯。大黄苦寒。入脾胃大腸心包肝。其性浮而不沉。其用走而不守。瀉火行痰。

煎服。聽其瀉利。利後飲以米湯。三日後。食以薄粥。所以然者。以食入於陰。長氣於陽。内經所謂奪其食即已是也。若因瘀血致狂者。花乳石散主之。若喜笑不休者。心火盛也。煮海湯主之。

將軍湯

大黃 四兩酒浸一宿　分三服白水煎

花乳石散

花乳石 煆黄酒淬一次　研末每服一錢酒下

煮海湯

海鹽 二两火燒紅

河水一大碗煎三五沸三次服之探吐熱痰吐後服加味黃連解毒湯

加味黃連解毒湯

黃連　黃芩　黃柏　山梔

半夏　竹瀝　竹葉　姜汁

白水煎治長笑不止屢効

實狂

難經云。狂之始發。少卧不飢。自高賢也。自辯智也。自貴倨也。妄笑歌樂。乱行不休。此痰火實盛也。按少卧笑歌。心火妄動也。不飢言乱。胃火内鬱也。高賢辯智貴倨者。痰火旺而舉止失常也。皆因憂思妄想。或忿怒拂鬱所致也。治以清心滚痰丸。犀角酸寒清熱。硃砂甘淡鎮心。黃芩苦寒瀉火。礞石甘鹹利痰。沉香辛苦下氣。皂射辛香開竅。大黃苦寒。入心包脾胃肝以蕩結。驗方也。

清心滚痰丸

犀角 五錢　硃砂 五錢　黃芩 四兩　礞石 硝煆五錢

沉香 三錢　牙皂 五錢　射香 五分　大黃 酒浸四兩

研末水丸空心熱湯下三錢

火狂

火狂者。面紅目赤。妄言見鬼。登高呌罵。此心肝兩經之火盛也。按心為君火。肝為相火。憂思過度。則心火動。忿怒抑鬱。則肝火浮。火炎於上。則面紅目赤。火昏其神。則妄見鬼。火亂其魂。則登高呌罵。醫源治以消狂如聖湯。黄芩黄柏山梔清火。赤芍連翹滑石瀉熱。薄荷荆防升散於上。大黄芒硝蕩滌於下。加茯神安臟。當歸和血。甘草緩中。硃砂鎮神驗方也。葉氏清心丸亦主之。

消狂如聖湯

黄芩 五錢 黄柏 五錢 山梔 五錢 赤芍 二錢 連翹 二錢

滑石 二錢 薄荷 五錢 荆芥 一錢 防風 一錢 大黄 二錢

芒硝 錢五 當歸 五錢 茯神 五錢 甘草 一錢

葉氏清心丸

研末每服五錢硃砂五分水煎服

人參 鬱金 生地 天麻 全蝎 去尾 南星 為末入牛胆内掛風處吹干

各等分研末水丸桐子大每服二十丸人參湯下

以上癲狂兩症有虚實相挟者臨症須忝看立方須通變不可拘也

癇病

張介賓云。癇病蹷發。肢搐音變。頭摇身強。吐涎多汗。少頃即甦。舉發無時。此肝腎之火。暴乘於心。心神昏憒。傳於脾肺。旋遊行於左右十二經絡之中。致遍身振掉搐搦。津液聚痰。隨氣上逆於口。循還一轉。真氣漸歸於腎。營衛和而汗解。故復行甦醒。此癇病之由也。治以一法湯。人參白朮培元氣。茯神棗仁安君火。旺生痰。以橘半逐之。風因火熖。以麻藤定之。服後。以二法湯。三法湯。相継調之。

一法湯

人參 六分 白朮 六分 茯神 一錢 棗仁 錢五

橘紅 五分 半夏 六分 天麻 三錢 鈎籐 一錢

薑一片水煎服五六劑

氣虛加人參一錢血虛加當歸一錢五分去半夏

氣有餘加菖蒲香附各五分去參朮

火盛加黃連五分菊花四分去參朮半夏

風寒加荊芥一錢防風五分

二法湯

棗仁炒二 人參七五 當歸七五 茯神一錢

天麻一錢 鈎藤一錢 車前五分 牛膝五分

白水煎服

氣虛倍人參加附子五分 血虛倍當歸

空心服加味地黃丸三五錢

加味地黃丸

地黃 山藥 山萸 茯苓 澤瀉

丹皮 車前 牛膝 研末蜜丸

三法湯

人參三錢 棗仁炒二錢 白朮錢五 當歸錢五 茯神一錢

黃芪炒一錢 遠志炒五分 益智仁三分 菖蒲三分 炙甘草三分

白水煎 愈後或用固本丸歸脾湯培心脾之元氣如金匱腎氣丸補陰生陽乃癇症拔本窮源之藥久服諸方必不再發在醫者善於調治焉

固本丸

人參二兩 生地四兩 熟地四兩 天冬炒四兩 麥冬炒四兩

研末蜜丸空心開水服

歸脾湯

人參 白朮 茯神 棗仁 黃芪 當歸

人参　白术　茯苓　[illegible]　[illegible]　[illegible]

[illegible]

[illegible]

人参三[illegible]

[illegible]

[illegible]

[illegible]

[illegible]

人参三钱 [illegible] 白术 [illegible] 茯苓一钱

[illegible]

[illegible]

[illegible]

[illegible]

[illegible]

[illegible] 人参 [illegible]

[illegible]

[illegible] 一钱 [illegible] 一钱 [illegible]

[illegible] 人参 [illegible] 茯苓一钱

[illegible]

[illegible] 一钱 [illegible]

[illegible]

[illegible]

[illegible] 人参一钱 [illegible] 一钱 [illegible]

[illegible]

遠志　木香　甘草　元眼肉　生姜　大棗

白水煎服

金匱腎氣丸

熟地　山藥　山萸　丹皮　茯苓

澤瀉　牛膝　車前　肉桂　附子

研末蜜丸空心開水服

陽癇

千金云。晝發者為陽癇。先身熱。後瘈瘲。脈浮大。此痰熱客於心胃也。其所以晝發者。以人身之脈絡。晝則行陽二十五度。陽氣為痰熱阻其脈絡。表裡閉塞。鬱結不行。故身熱瘈瘲脈大而晝發也。治以升陽湯。麻黃、辛溫。調血脈而通九竅。甘草甘潤。固正氣而理三焦。蒼朮辛烈。散鬱結而升胃陽。防風辛甘。利週身而行經絡。令陽氣升。則痰熱解。其癇自平矣。此病在六府。外在肌膚易治。

升陽湯

麻黃蜜炒八錢　甘草炙五錢　蒼朮炒五錢　防風八錢

研末空心水煎五錢服

陰癇

千金云。夜發者為陰癇。先身冷。後瘈瘲。脈沉細。此痰熱客於心腎也。其所以夜發者。以人身之脈絡。夜則行陰二十五度。陰氣為痰熱阻其脈絡。表裡閉塞。鬱結不行。故身冷瘈瘲脈沉而夜發也。治以加味四物湯。芎歸芍地養陰。南星半夏逐痰。柴胡瓜蔞蕩熱。遠志菖蒲開竅。茯神棗仁育神。知母黃柏清火。令陰氣和痰熱解。其癇自平矣。此病在五臟。內在骨髓難治。

加味四物湯

地黃酒煮　川芎　南星製　當歸　白芍

半夏製　柴胡　瓜蔞　遠志　菖蒲

黄汗水腫者。身熱。汗出。口渴。汗出沾衣如蘗汁。狀如風水。脉自沉。按脉沉者。水畜於内也。口渴者。津液不行也。發熱汗出如蘗汁者。湿熱外洩也。此由脾胃湿鬱生熱。積熱成黄。湿熱交征。故水腫而漸成黄汗矣。仲景治以黄芪芍桂苦酒湯。桂枝辛甘行陽。白芍酸寒泄熱。黄芪甘温固表。用三味以司開闔。不利水而水自觧。腫自消。黄汗自除矣。苦酒醋也。経云。味過於酸。肝氣以津。是酸味能收而亦能泄也。

黄芪芍桂苦酒湯

黄芪五两 白芍三两 桂枝三两

苦酒一盏 水一盏煎服 服後當心煩 服至六七日乃觧 若心煩不止者以苦酒之味未盡散也 散則觧矣

黄汗水腫

黄汗水腫。有兩脛足冷。身体重痛。煩躁不食。小便不利者。何也。按脛冷者。水湿下注也。不食者。濕困脾土也。身重作痛者。湿流関節也。煩躁便秘者。湿邪内鬱也。面浮黄汗者。湿熱外洩也。仲景治以桂枝加黄芪湯。風能勝湿。用桂枝生姜之辛者以去水湿。土能制水。用甘草大棗之甘者以培脾土。加白芍酸苦以和陰。黄芪甘温以和陽。病属黄汗。仍取微汗而和觧之。妙法也。考水景治水腫。取麻黄加白朮以固中氣。治黄汗取桂枝加黄芪以實衛氣。其精義如此。

桂枝加黄芪湯

桂枝三錢 白芍三錢 甘草二錢 生薑三錢 大棗十枚 黄芪二錢

水煎服後飲稀粥一盏以助藥力得微汗觧 不汗再服

水飲堅腫

水飲堅腫者。心下堅。大如盤。邊如旋杯。此病在上焦氣分也。按心下。即胃口之上。腎為胃之関。如盤如杯。而堅大者。皆水氣凝滞之狀。總因龍火衰微。君火不足。以致客邪結於心下。上不下降。下不上升。非用辛甘大熱之品。散寒逐水。則

先煎麻黄去沫、納甘草、煎一盞服、取汗、不汗再服、汗後避風、此方麻黄發陽、使水邪汗解、甘草和中、使正氣内固、陽行水去、即有裡熱、亦自散矣、且麻黄性峻、佐甘草以緩之、一汗而水腫悉消、此又發表治裡之一法、

皮水腫

皮水腫。水氣在皮膚中。四肢浮腫。聶聶而動。按脾主四肢。為諸陽之本。浮腫者。陽氣不運。水道不利也。聶聶動者。水氣激射。與正氣相搏也。金匱治以防己茯苓湯。皮水在表。故用桂枝發汗行陽。黄芪養正固衛。令衛氣壯。則水邪自散矣。更用茯苓滲濕利水。甘草補土制水。本草云。通可去滯。防己之屬是也。蓋防己能利九竅而通關節。協桂枝等藥。流行於血脉皮膚。其腫漸平矣。此又治水腫之一法。

防己茯苓湯

防己三錢 黄芪炒三錢 桂枝三錢 茯苓六錢 甘草二錢

水煎服三次

脉沉水腫

沉水腫者。其脉沉小。按腎主水臟。水性本寒。丹溪云。少陰能聚水生病。脉之沉者。屬少陰。水病發汗。則腠理開。水氣泄。其病即已。而脉見沉小。又當以温中解表為主。仲景治以麻黄附子湯。麻黄乃統治水腫之要藥。加附子温經逐寒。佐甘草益土制水。因病在少陰。而用附子發其龍火之真陽。協麻黄甘草以開久畜之沉陰。此治腎水表裡雙解之一法也。考仲景於風水皮水裡水皆有方。獨石水一症無方。揭言水病脉沉小屬少陰。宜麻黄附子湯。想即石水症也。存疑。

麻黄附子湯

麻黄三錢 附子二錢 甘草二錢

水煎日三服李文云脉浮氣喘者加杏仁利氣經行氣利水自行矣

黄汗水腫

風水腫

風水腫。有脉浮。不渴。惡風。無大熱。續自汗出。一身悉腫者何也。按脉浮惡風汗出者。風淫於內也。身腫不渴表無大熱者。水氣泛溢也。汗非驟出續自汗出者。是水氣蒸洩於外。內熱鬱而外表少也。較之風踈汗出者不同。金匱治以越脾湯。麻黃辛溫。祛風發汗。甘草甘平。培土制水。薑棗辛甘。調营和衛。用石羔者。因風水邪盛。壅滯不通。鬱而為熱。熱閉於經。風水無由得出。故配石羔辛凉透表。則津液俱行。風水悉去矣。

越脾湯

麻黃六兩 甘草二兩 石羔八兩 生薑三片 大棗三枚

研末每服五錢姜三片棗三枚水煎去沫日服二次古今錄驗於本方加製附子一枚白朮四兩

裡水腫

裡水腫者。一身面目黃腫。小便自利。口渴脉沉。按水氣上溢。則身面黃腫。水氣下漬。則小便自利。津氣不升。則口渴。水邪在裡。則脉沉。仲景治以越脾加朮湯身面黃腫。用麻黃以汗之。便利亡津。用甘草以和之。液熱口渴。用石羔以生之。營衛不通。用薑棗以調之。加白朮補土勝水。益土生津。同麻黃石羔。行陽化熱。此又於一症中行補瀉法也。或云諸水病渴而下利。小便数者。不可發汗。此症豈可汗乎。須知下利便数口渴。津液內竭。故不可汗。今小便自利。非大便下利。而小便数者可比。活法也。甘草麻黃湯亦主之。

越脾加朮湯

麻黃六兩 石羔八兩 甘草二兩 生姜二兩 大棗十五枚 白朮六兩

研末每服五錢薑三片棗三枚水煎日三服

甘草麻黃湯

麻黃四錢 甘草二錢

水腫論

内經云。諸氣膹鬱。皆屬於肺。諸濕腫滿。皆屬於脾。諸腹脹大。皆屬於熱。三者相因為病者也。蓋濕為土氣。土為火子。濕每生熱。熱亦生濕者。母感子濕之變也濕氣盛。肺氣不行。故膹鬱矣。考水腫病。總由脾土不運。清濁混淆。肺為脾子。脾為肺母。母病而子亦虛。榮衛不布。氣停水積。凝聚濁液。滲透經絡。久ゝ灌入隧道。血亦化水矣。凡治腫以治濕為主。更宜清心火以養脾土。火退則肺氣降而水道通。土旺則運化行而清濁分。其清者。復回而為氣血津液。其濁者。在上為汗。在下為溺。以漸而分消矣。何柏齋云。造化生物。水火而已。乾知太始。坤作成物。陰陽交合。其水火乎。如大旱。物即不生。火偏盛也。大澇。物亦不生。水偏盛也。水火平和。萬物爭榮。至理也。人之臟府。以脾胃為主。飲食入胃。而運以脾。猶地之土也。其脾胃之所以能運物者。實由於水火。如天運水火之氣於地中也。若火盛則土燥。水盛則土濕。皆不能化物。可見病腫者。水盛而火不化也。水雖制於脾。實統於腎。腎本水臟。元陽寓焉。命門火衰。即不能自制陰寒。以蒸脾土。則陰不從陽。而精化為水腫矣。醫者欲去邪水。必補真火。火能生土。則土能制水。其腫自平。若專於利水破氣。鮮有不斃者。

風水腫

風水腫症。脉浮。身重。汗出。惡風。按風勝則脉浮。水勝則身腫。風水相搏於皮膚開其元府。是以汗出而惡風也。金匱治以防已黄芪湯。黄芪甘溫益氣固表。防已辛苦。療風去水。薑棗辛甘調營和衛。白术苦溫補脾。以逐風水之結腫。甘草甘平培土。以安虛弱之元陽。六藥為治風水表虛之妙品。若腹中作痛。此肝邪也。加白芍酸苦歛陰。且能於土中瀉木也。臨症其明辨乎。

防已黄芪湯

黄芪一兩 防已一兩 白术三兩 甘草五錢 生姜四片 大棗三枚

研末每服五錢姜四片棗三枚水煎服良久再服

研末蜜丸每服三錢空心開水下鼓脹全消猶未如常服金匱腎氣丸

収全功

金匱腎氣丸

熟地　山藥　山萸　茯苓　澤瀉

丹皮　附子　肉桂　牛膝　車前

研末蜜丸每服三錢空心開水下以上四方統治鼓脹之要法

脉候

洪數為熱脹　遲弱為寒脹　脉浮為虛脹

脉緊為實脹　脉沉為氣脹　脉弦為肝尅脾

浮脉可治　虛脉危急　腹脹身熱死

腹脹形脱死　腹脹寒熱如瘧死　腹脹便血脉大時絶死

不但温脾煖胃。亦且補火生土。行經活絡。並以平肝木而通陽氣也。此方治水脹水腫神效。見症其善行加減乎。

大半夏湯

半夏五錢 茯苓三錢 甘草三錢 人參一錢 白朮炒一錢 厚朴姜炒三錢 當歸三錢 桂心五錢 附子三錢 川椒二錢

研末每服四錢 姜三片 棗二枚 水煎服 一方有白芍

鼓脹

鼓脹者。其腹中空外堅。按之如鼓。乃虛氣也。此病一由性躁。暴怒縱欲。一由固拙鬱憤憂思。自絕春生之氣。以致營衛閉塞。清濁相干。便成腹脹。百問治以嘉會湯。白朮甘温益土。肉桂辛甘補火。茯苓味淡清肺金而滲濕。澤瀉性鹹潤膀胱而利濁。芎歸辛温養血。砂橘香温調氣。防風辛甘升清。乾姜辛熱行陽。令脾元健運。上下宣通。繼服參苓朮附湯二十劑。再服益氣丸。尤宜靜養調理。庶可痊矣。金匱腎氣丸常服為要。

嘉會湯

白朮炒二錢 肉桂五錢 茯苓錢五 澤瀉一錢 當歸五分 防風一錢 砂仁一錢 廣皮錢二 川芎五分 炮薑五分

煨姜一片 水煎服 日服一劑 十劑後服參朮附子湯

參苓朮附湯

人參錢五 白朮三錢 茯苓錢五 陳皮一錢 防風一錢 澤瀉一錢 肉桂一錢 附子五分 煨薑三片

水煎服 此方常服 以消為度 人參加至三錢 肉桂加至一錢五分 附子加至一錢五分 三味為治鼓要藥

益氣丸

人參一兩 澤瀉五錢 丹皮五錢 椒紅三錢 附子二錢 肉桂二錢 沉香三錢

人参一两 [illegible]五钱 [illegible]五钱 黄芪三钱 [illegible]二钱 当归二钱 [illegible]三钱

[illegible]

[illegible]

[illegible] 人参 [illegible]

人参五钱 白术三钱 茯苓五钱 [illegible]一钱 陈皮一钱

[illegible]

生姜一片 水煎服 [illegible]

陈皮一钱 [illegible]

白术炒二钱 当归五钱 茯苓五钱 [illegible]一钱 [illegible]五分

[illegible]

[illegible]

[illegible]

[illegible]

[illegible]

[illegible]

[illegible]

進三次白湯下一方加藿香神曲麦芽黄連用吳茱萸炒去萸用連

心腹脹

心腹脹滿症。腹大如鼓。中空外堅。朝食不能暮食。按朝能食者。陽氣方長。穀氣易消也。暮不能食者。陰氣方進。穀氣難化也。腹形如鼓。中空外堅者。此脾虚不能制水。水漬於土。土湿不運。穀食不宣。陽氣不行。上下痞塞之故也。内經治以雞矢醴飲。雞屬東方甲木。其象為巽。其肉甘温。其矢最濁。脹屬濁氣不降。取雞矢之濁以導濁也。漬酒服者。借以行經絡也。義微矣。

雞矢醴飲

雞矢白 半升

微炒研末酒漬七日每服一盞食後臨卧時温服河間加大黄桃仁

䐜脹

經云。濁氣在上。則生䐜脹。此陰盛生寒者也。濁氣為地。本乎地者。親下。今濁氣在上。則陰邪上犯矣。又云。寒氣生濁陰。在上而結於膻中。則膻中不能化氣。陰陽反作。病之逆從不順也。是為䐜脹。河間治以吳茱萸湯。白术補脾。陳皮利氣。薑桂温中。萸椒降濁驅寒。厚朴消脹散滿。使腹中得温和之味。則結氣散。濁氣降。陰陽得位。清陽出上竅。濁陰出下竅。䐜脹自舒矣。豈可妄行破氣哉。

吳茱萸湯

吳茱萸 刃 白术 五錢 官桂 刃 乾薑 炮 刃 蜀椒 五錢

陳皮 五錢 厚朴 刃 姜炒 研末每服三錢生姜一片煎服

胃冷腹脹

胃冷腹脹者。其脉弦遲。口喜飲熱。胸悶疾多。按脉遲為寒。弦為肝脉。口喜飲熱者。胃氣虚寒也。胸悶疾多者。脾湿不運也。此肝木尅土。土不制水。涎沫凝滞。臟腑閉塞。故腹脹也。三因治以大半夏湯。半夏辛滑逐痰。茯苓甘淡滲湿。甘草甘平益胃。參术温苦補脾。厚朴苦温散滿。當歸辛温養肝。加川椒桂附之辛熱者。

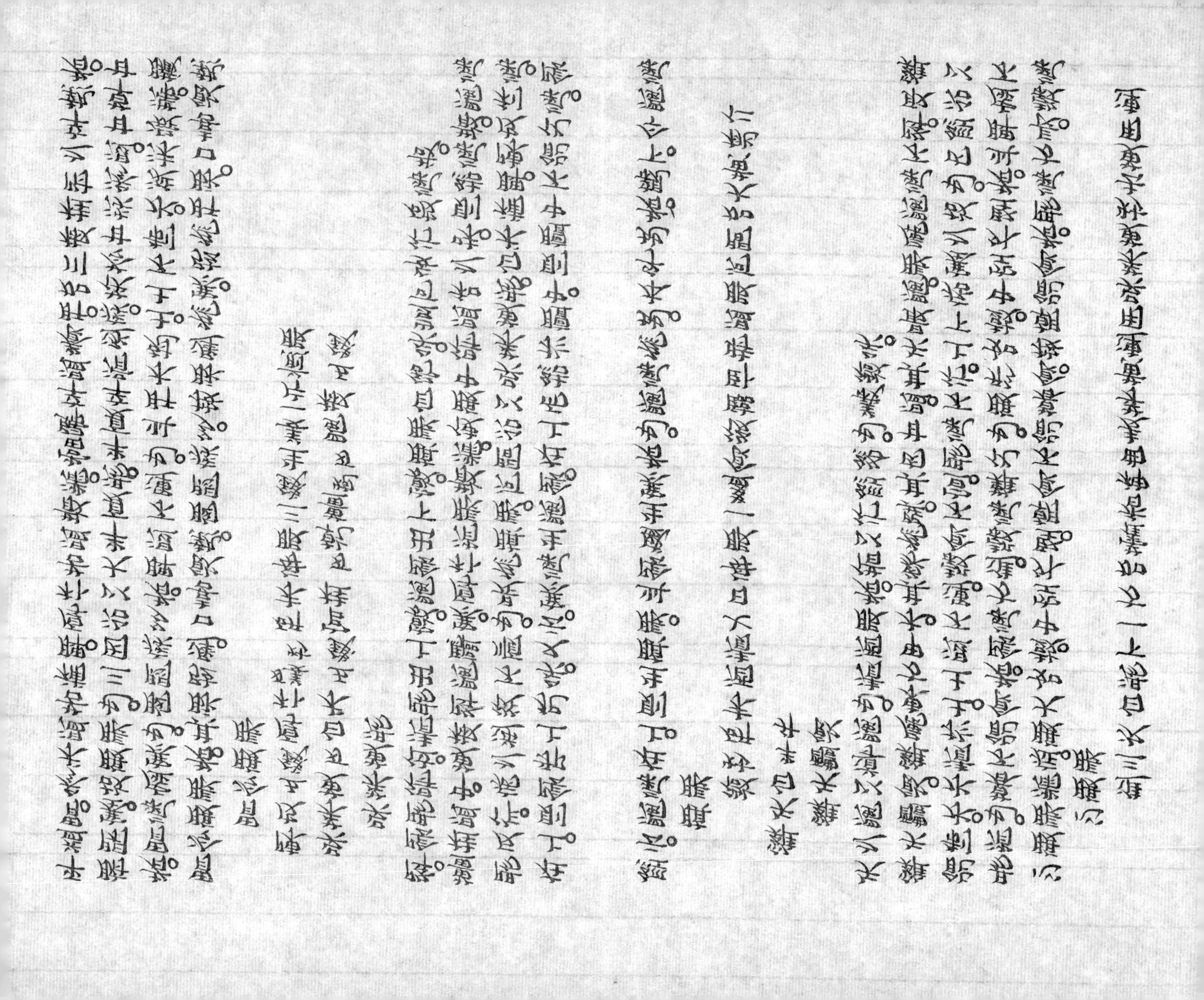

[illegible]

胸脇腹脹

胸脇腹脹者。胸膈痞悶。腹脇脹滿。大便不利。按脾胃受傷。中氣不運也。腹脇脹滿者。濁氣在上。肝火横逆也。大便不利者。清陽不升。濁陰不降也。総属陰陽壅滞。氣不宣通之故也。東垣治以木香順氣湯。青陳香朴。行氣平肝。草蔻益智。舒脾和胃。蒼朮半夏燥湿。呉萸乾薑散寒。加升柴輕以升陽。苓瀉渫以泄陰。諸藥過燥。重用當歸濡血。共成益脾消脹之功。

木香順氣湯

木香二分 厚朴四分 陳皮二分 青皮二分 草蔻三分 益智仁三分

蒼朮三分 半夏三分 乾姜二分 升麻三分 柴胡三分 呉茱萸二分

茯苓三分 澤瀉三分 當歸一錢 水煎服

单腹脹

单腹脹症。胸膈閉塞。胃口悶痛。腹大如鼓。甚則二便不暢。按胸膈閉塞者。肺金不利也。胃口悶痛者。脾土不運也。腹大如鼓者。氣不宣通也。二便不暢者。清陽不升。濁陰不降也。皆属太陰不健。法宜培土為主。醫源治以調中丸。参芪固肺。蒼白補脾。歸芍養肝。陳夏和胃。薏仁滲湿。香附開鬱。山查調氣。草蔻温中。升柴升清。苓瀉降濁。加五加皮袪風湿以強筋骨。瓜蔞仁蕩鬱熱以除垢膩。令坤元旋轉。上下流通。陰陽得位矣。良方也。

調中丸

人参二両 黄芪炒二両 白朮炒六両 當歸二両 白芍酒炒二两 蒼朮飯上蒸三次炒二両

半夏二両 薏仁二両 山查炒三両 升麻五錢 陳皮塩水炒二两 香附童便浸二両

柴胡五錢 茯苓二両 澤瀉二両 五加皮炒二両 瓜蔞仁二個 草蔻酒炒二两去

用大瓜蔞二個鏤一孔每個入川椒三錢多年糞礁二錢䭾粒大納瓜蔞内以綿紙糊完再用細紙觔同塩泥封固晒乾入火内煆紅取出去泥與黒皮同諸藥研末荷葉包米煮爛去荷葉用米為丸每服百丸日

通。脹滿自平矣。

補中益氣湯

人參　黃芪炒　白术炒　當歸　陳皮

升麻　柴胡　甘草　生薑　大棗

水煎服

怒鬱腹脹

怒鬱腹脹者。胸悶脇脹。噫塞吞酸。昏眩嘔噦。按脹悶噫塞。金不制木也。吞酸眩噦。木來剋土也。皆怒惱憂欝所致也。法宜調氣為主。丹溪治以分心氣飲。茯苓桑皮清肺。白芍官桂平肝。陳皮能宣五臟。木通善開九竅。半夏和胃而通陰陽。蘇葉益脾而和氣血。香附散鬱而行經絡。更用羌活利周身之百節。甘草調表裡之三焦。臟腑氣和。則鬱結自解。脹悶自消。諸症自平矣。

分心氣飲

茯苓　桑皮　白芍　官桂　陳皮　甘草

木通　半夏　蘇葉　香附　羌活　水煎服

痰食腹脹

痰食腹脹者何也。蓋胃為倉廩之官。脾司轉輸之職。脾不健運則食滯。脾氣鬱抑則生痰。痰食交積於中。上不能散精於肺。下不能通調水道。故腹脹而惡食也。丹溪治以香砂和中湯。白术益脾。蒼术燥胃。半夏逐痰。藿香開鬱。砂仁快氣。厚朴散滿。陳皮去滯。曲查消食。茯苓滲濕。甘草和中。令氣鬱散痰食解。則脾胃轉旋。中焦宣暢。腹脹平而飲食自強矣。

香砂和中湯

藿香　砂仁去壳　白术炒　蒼术炒　半夏姜炒　甘艸

茯苓　陳皮　神曲炒　山查炒　厚朴姜炒

水煎服一方加生姜

此痛在少陰也。腹脹者。寒濕内甚也。肢痛者。寒濕外甚也。小便不利。大便自利者。濕勝而水穀不分也。或咳或嘔。或小便利者。此停飲而水邪為患也。仲景治以真武湯。茯苓白朮。培土制水。生薑附子。益火生土。補陽必兼和陰。用白芍斂陰和營。經曰。寒淫所勝。治以辛熱。濕淫所勝。佐以酸平是也。此方濟火利水。乃治寒濕腹脹之大法。

真武湯

茯苓三錢 白朮炒二錢 附子炮一錢 白芍炒三錢 生薑三錢

水煎服如水寒相搏咳者加五味細辛乾姜小便利去茯苓下利去白芍加乾姜嘔去附子加生姜一倍

陰氣腹脹

陰氣腹脹者。煩躁。面赤。足冷。不得臥。此病必酒後入内。奪於所用。精氣溢下。邪氣上逆。逆則陰氣在上。故䐜脹。其上焦之陽。因下逆之邪所迫。壅塞於上。故發煩躁也。準繩治以人參附子湯。人參甘溫。補氣固正。附子辛熱。益陽退陰。吳茱萸辛苦性熱。入三陰氣血兩分。開腠理而消痞脹。下逆氣而通壅滯。合煎沉冷飲服。借冷氣以解上焦之浮熱。令熱性達下。少頃腹中氣喘如牛吼。泄氣五七次。則陰氣散而腹脹自平。驗方也。

人參附子湯

人參 附子 吳茱萸 水煎沉冷服

勞倦腹脹

勞倦腹脹者。其症四肢無力。飢即欲食。食後即脹。按勞者。勞心勞力也。倦者。体倦神倦也。飢即欲食者。胃氣空虛也。食後即脹者。脾元不運也。皆由思慮辛勤所致也。東垣治以補中益氣湯。肺為氣本。黃芪固氣。脾為肺母。參朮固脾。補陽必兼和陰。用當歸養陰。補虛必先健中。用甘草和中。脹由濁氣在上。用陳皮以降之。脹由清氣不升。用升柴以升之。加姜棗調營和衛。令中焦暢運。則上下流

白术炒　當歸　陳皮　茯苓　厚朴姜炒
澤瀉　大黄　枳實炒　青皮炒　吴茱萸

研末水丸每服三錢白湯下一方加麥芽神曲無枳實青皮

雞矢醴

雞矢白炒半升

研末酒漬七日每服一盞臨卧時温服

濕脹

濕脹症。按之堅。肢腫。或小便不利。按腹堅脹者。脾氣不運也。小便不利者。水道不通也。四肢浮腫者。真陽不行也。此脾土有濕。腸胃有積也。經曰。太陰從濕。謂寒濕也。法宜温燥。密齋治以胃苓丸。蒼术燥濕開鬱。厚朴下氣散滿。陳皮能宣五臟。甘草能益三焦。合茯苓助陽。猪苓利水。澤瀉導濁。白术益脾。官桂化氣。寒濕解而積滯消。水道通而小便利。陽氣行而脹腫消矣。如因脾濕虚脹者。錢氏加減異功散主之。

胃苓丸

蒼术　厚朴　陳皮　甘草　白术
茯苓　猪苓　澤瀉　官桂

研末為丸每服三錢空心開水下

加減異功散

人參　白术　茯苓　甘草　使君子
陳皮　半夏　厚朴　枳實　黄連姜汁炒
砂仁　當歸　藿香　木香　麥芽

研末神曲糊丸每服三錢空心開水下一方有丁香

寒濕腹脹

寒濕腹脹者。小便不利。四肢沉重疼痛。大便下利。或咳或嘔。或腹痛。或小便利。

腹脹之繩尺也。

紫蘇湯

人參　白朮炒　橘紅　木香　半夏製

甘草　桔梗　蘇子　草菓　厚朴姜炒

姜一片　枣二枚　水煎服

血滯腹脹

血滯腹脹者。少腹痛悶。兩脇脹滿。少便通利。大便下血。按少腹痛悶。血畜下焦也。兩脇脹滿。血滯不行也。小便利而大便下血。血病而氣不病也。皆由鬱怒傷肝所致也。準繩治以人參芎歸湯。參草甘溫。補氣而通血脉。芎歸辛溫。調氣而開血滯。香砂辛溫。快氣散血。烏附辛苦。順氣破血。加半夏之辛滑者開鬱。靈脂之甘溫者去淤。桂枝之辛甘者通陽。蓋氣逆則血逆。氣行則血行。此治血滯腹脹之繩尺也。

人參芎歸湯

人參一錢　川芎一錢　當歸一錢　木香五分　砂仁五分　甘草炙五分

烏藥五分　半夏七分　桂枝三分　香附醋炒五分　五靈脂五分

水煎服　一方有蘇葉五片

穀脹

穀脹症。胸悶噯氣呑酸。大便不利。按胸悶腹脹。食滯於胃。而脾元不運化也。噯氣呑酸。食積於中。而三焦不旋轉也。大便不利。食停於内。而大腸不傳化也。此屬濁氣在上。醫林治以交泰丸。白朮補脾。當歸養血。陳皮厚朴散滿。茯苓澤瀉降濁。枳實青皮寬腸。加吳萸下氣。導熱以折之。大黄蕩穢。去垢以通之。若脾虛不能制水。土溼不能化穀。氣不宣通。上下脹滿。朝食不能暮食者。雞矢醴治之。蓋雞矢屬濁陰。取以濁導之義。酒漬服者。借以行經絡也。

交泰丸

九龍湯

附子　肉桂　黄芪炒　茯苓　甘草

人參　陳皮　白术炒　半夏

水煎服一方加姜枣

血虚腹脹

血虚症。腹脹腸逆。飲食不香。男子吐血後。婦人月事産後多有之。此肝脾兩虚之候也。按脾統血。脾虚則飲食不香。肝藏血。肝虚則腹脹腸逆。法宜健脾養肝為主。濟生治以養陰湯。參芪术草。補脾以生肺金。茯神元肉。補心以生脾土。枣仁阿膠。補肝以生心火。熟地枸杞。補腎以生肝木。令五臟互相交濟。則肝血足而脾血充。腹脹自平矣。六味地黄丸。人參養榮湯亦主之。見症酌用。

養陰湯

人參一錢　黄芪炒一錢　白术炒一錢　甘草炒五分　茯神一錢

熟地一錢　枸杞一錢　元肉三錢　枣仁炒一錢　阿膠炒一錢

水煎服一方有木香五分

人參養榮湯

人參一錢　黄芪炒一錢　白术炒一錢　甘草炒一錢　白芍一錢五　肉桂五分

熟地二錢　茯苓一錢　當歸一錢　五味子五分　枣仁炒一錢　廣皮五分

水煎服

氣滯腹脹

氣滯腹脹者。喘促腸鳴。二便不利。脉虚緊濇。按喘促乃肺金之氣不降也。腸鳴乃大腸之氣不和。二便不利者。肝腎之氣不宣也。脉虚緊濇者。經絡之氣不舒也。皆由憂思過度。致傷脾肺之陰也。準繩治以紫蘇湯。氣滯由於氣虚。以人參白术補之。氣虚則氣必寒。以半夏草菓温之。氣寒則氣必逆。以厚朴木香散之。氣逆則氣必浮。以蘇子橘紅降之。加桔梗開提肺氣。甘草奠安脾氣。此治氣滯

白茯苓錢五 山萸肉一錢 五味子五分水煎服

平肝飲

人參一錢當歸一錢白芍一錢川芎六分甘草六分青皮五分
防風一錢陳皮五分肉桂五分桔梗六分木香四分
水煎服一方有香附無木香桔梗

腎虛腹脹

腎虛者。腹脹如鼓。手足浮腫。甚則氣喘。二便不利。按腹脹如鼓者。氣虛也。手足浮腫者。土衰也。氣喘者。脾不能散精於肺。而金氣不降也。便秘者。肺不能通調水道。而膀胱不化也。總由脾腎兩虧所致。金匱治以腎氣丸。熟地滋水。桂附補火。山藥茯苓滲濕培土。山萸丹皮濇精益木。車澤利膀胱之濁。牛膝通血脈之陰。五行相生。三焦旋轉。浩氣流行。保合太和矣。經曰。三焦病者。氣滿少腹尤堅。不得小便。溢則水留為脹。仲景闡經旨。而製腎氣丸以平之。神方也。要在用之者之得其當耳。

金匱腎氣丸

熟地 山藥 茯苓 山萸 丹皮
肉桂 附子 車前子 牛膝 澤瀉
研末蜜丸每服三錢空心開水下

氣虛腹脹

氣虛症。小便不利。大便泄瀉。按腹脹肢腫。脾土不健也。大便泄瀉。命門火衰也。小便不利膀胱不化也。此脾腎兩經之氣虛也。法宜補火生土為主。仲陽治以九龍湯。附子肉桂。辛熱補火。黃芪白朮。甘溫培土。茯苓甘淡滲濕利水。甘草甘平。和中益氣。半夏辛滑以通陰陽。陳皮辛溫以宣經絡。人參性味甘溫輔助真元。通百骸之血脈。開九竅之精神。令火土相生。脾腎兩強。通體太和矣。此治虛脹之繩尺也。

麥冬一錢陳皮五分厚朴五分木香三分升麻四分
柴胡四分當歸一錢白芍一錢半夏八分水煎服

加味六君子湯

人參　白朮　茯苓　甘草　半夏
橘皮　當歸　蘇梗　白豆蔻

水煎服　朝寬暮急暮寬朝急朝暮俱急者悉以此方主之

肺虛腹脹

肺虛腹脹者。胸滿氣喘。按肺為相傳之官。治節出焉。分布陰陽。主行營衛。胸滿者。燥金之性不通調也。氣喘者。肅清之令不下降也。脹屬肺金虛。法宜清補。密齋治以人參贊化散。人參甘溫。固肺益氣。甘草甘平。培土生金。杏仁辛苦。潤燥清熱以定喘。茯苓甘淡。通肺利竅以下氣。少加陳皮之辛溫者。快膈調中。木香之辛苦者。利壅導滯。喘甚者。更加蘇葉入氣血兩分以和之。

人參贊化散

人參一兩甘草五錢茯苓八錢杏仁八錢廣皮二錢木香一錢

研末每服三錢煎蘇葉一錢和下

肝虛腹脹

肝虛者。脹滿腰脇。坐立則氣逆下隊。側卧則轉動難移。按脹滿腰脇者。肝氣橫散也。坐立下隊者。肝氣下陷也。側卧難移者。肝筋無主也。慎齋治以和肝飲。地黃甘溫。滋水生木。白芍酸苦。和血斂陰。木瓜酸濇。利筋骨以収脫氣。甘草甘平。補三焦以益元陽。五味酸鹹。固肺氣而滋腎本。沙參甘淡。培脾腎而養肝陰。茯苓淡滲瀉滿。山萸酸辛濇精。此治肝虛腹脹之繩法也。如怒傷肝氣。或脹於胃。或脹於大腸。此為肝實。又當以平肝飲主之。見症其變通乎。

和肝飲

地黃三錢白芍二錢木瓜一錢甘草六分沙參二錢

半夏三分　麻黄一錢　生薑一錢　乾薑一錢　吳茰五分

畢澄茄一錢　益智仁三分　草豆蔻五分　黄連五分　黄柏五分

水煎服

熱脹

熱脹者。腹中熱。口渴咽乾。按腹熱者。濕熱伏於中焦也。丹溪云。七情內傷。六淫外感。飲食失節。房勞致虛。脾土受傷。轉輸失職。清濁相干。脉道壅塞。濕鬱為熱。熱留為濕。濕熱相生。遂成脹滿。東垣治以中滿分消丸。參苓术草。益氣補脾。厚朴枳實。行氣散滿。黄連黄芩。瀉熱消痞。姜黄砂仁。煖胃快脾。乾姜助陽燥濕。陳皮理氣和中。半夏利水逐痰。知母滋陰潤腎。苓瀉降濁升清。令脾元健運。則心肺之陽降。肝腎之陰升。脹者漸平矣。

中滿分消丸

人參一錢　白术炒一錢　茯苓二錢　甘草炙一錢　枳實炒四錢　黄連炒五錢　黄芩炒五錢　姜黄一錢

厚朴姜炒一兩　砂仁二錢　乾姜二錢　陳皮四錢　半夏姜炒五錢　知母炒四錢　猪苓一錢　澤瀉三錢

研末水丸每服二錢白湯下並治氣脹水脹按此方乃合六君四苓瀉心二陳平胃而為一方者

脾虛腹脹

脾虛腹脹者。食後即脹。動則氣喘。坐卧不安。此陰陽愆伏。營衛凝滯。三焦不能宣布。脾胃不能傳化。脉經所謂胃寒生脹滿是也。寒乃太陰虛則生寒。非寒邪也。醫林治以調元飲。人參白术補脾。蒼术茯苓強胃。黄芩麥冬保肺金以制肝木。使木不尅土。陳皮厚朴。散中滿以消脹逆。使逆不上攻。氣不運加木香。氣下陷加升柴。血虛加歸芎。有痰加半夏。脹久土衰。雖有二便不利等症。乃氣血兩虛。當大補氣血為主。切不可妄攻妄下。以絶生機。

調元飲

人參錢二　白术錢二　蒼术一錢　茯苓一錢　黄芩五分

腹脹論

黃帝曰。脉之應於寸口。如何而脹。岐伯曰。其脉大堅以濇者脹也。按邪盛則大。邪實則堅濇者。氣血兩虛而不流利也。洪大之脉。陰氣必衰。堅強之脉胃氣必損。故大堅以濇。病當爲脹。其脹在五臟六府之外。皮肉經絡之間。中空無物。專主於虛。不可攻也。考脉要論曰。胃脉實則脹。病形篇曰。胃病者。腹䐜脹。本神篇曰。脾氣實。則腹脹涇溲不利。應象篇曰。濁氣在上。則生䐜脹。此四條皆實脹也。太陰陽明論曰。飲食起居失節。則五臟䐜滿閉塞。師傳篇曰。足太陰之别公孫虛。則鼓脹。此二條皆虛脹也。經脉篇曰。胃中寒則脹滿。方宜論曰。臟寒生滿脹。風論曰。胃風鬲寒不通。失衣則䐜脹。此三條皆寒脹也。經又云。营氣循脉。衛氣逆行爲脉脹。衛氣並脉循分爲膚脹。而五臟六府。又各有脹病之不同。甚有朝寬暮急爲血虛。暮寬朝急爲氣虛。朝暮俱急爲氣血兩虛者。揔由厥氣在下。营衛留止。寒氣逆上。真邪相攻。兩氣相搏之故。治者以脾肺肝腎爲主。補土生金。金生水。水生木。木生火。令氣血太和。而脹可漸平。若醫者妄行通利。病者欲求速效。去死不遠矣。

寒脹

寒脹者。肢逆嘔食。腹寒心痞。下虛陰燥。奔豚不收。按肢逆嘔食者。脾寒也。腹脹心痞者。氣逆也。陰燥奔豚者。腎衰也。此屬虛則生寒。不可泥言寒冷之寒也。經云。中滿者瀉之於內。謂脾胃有病。法宜上下分消。令下焦如瀆。氣血自然分化。東垣治以中滿分消湯。參芪補中。當歸和血。升柴升清。苓瀉降濁。青朴散滿。木香行滯。半夏燥痰。麻黄透表。加二薑萸茹智蔻除濕開鬱。煖胃溫腎以祛寒。更加連柏以去濕中之熱。此又熱因寒用也。妙哉。

中滿分消湯

人參 二錢 黄芪 五分 當歸 二錢 升麻 一錢 柴胡 一錢
茯苓 一錢 澤瀉 一錢 青皮 一錢 厚朴 五分 木香 三分

化。故少腹脹滿。太無治以加味四逆湯。乾姜辛温行陽於上。附子辛熱逐寒於下。甘草甘平調氣於中。加白芍酸以斂陰。苦以瀉滿。盖腎與膀胱為表裡。温腎經之寒。即以去膀胱之冷也。如小便不利者。更加茯苓之淡以利之。

加味四逆湯

乾姜　附子炮　甘草　茯苓　白芍酒炒　水煎服

少腹瀉滿

少腹瀉滿者。嘔逆利溏。脉沉肢冷。此寒在太陰。而兼入少陰之一症也。按嘔逆便溏者。虚寒在中也。脉沉肢冷者。陰寒在裡也。大腹属太陰。少腹属少陰。嘔逆肢冷。脉沉利溏。是太陰之土。不能制少陰之水。皆属寒凝於内。流於下而徹於外也。太無治以人参姜附湯。人参補氣益脾。蒼术健脾燥湿。乾姜温胃逐寒。半夏止嘔散逆。附子補火生土。茯苓利水助陽。脾腎煖而寒氣消。嘔利止而腹滿自安矣。

人参薑附湯

人参　蒼术　乾姜　半夏　附子　茯苓

水煎服

脉候

脉遲為寒　脉数洪為熱　脉浮為虚　脉緊為中實

脉弦為肝尅脾　浮脉可治　虚脉不治

開神智。治情鬱。即所以治腹滿也。妙哉。

交感丹

香附二斤用瓦器炒黄色取淨末一斤　茯神去皮四兩

研末蜜丸如彈子大每服一丸空心細嚼白湯下

少腹濕滿

少腹濕滿者。口渴便閉。此太陽之濕熱。傳入膀胱之府也。經云。膀胱者。州都之官。津液藏焉。氣化則能出矣。便閉口渴者。熱鬱於內。而陽不化陰也。腹滿有形者。濕蓄於中。而氣不宣化也。醫方治以加味四苓散。二苓甘淡而通膀胱。澤瀉鹹寒而利水道。白朮溫苦而燥濕邪。加滑石之甘寒者。通六府九竅以開熱結也。濕熱解。小便行。少腹之滿自平矣。

加味四苓散

茯苓　猪苓　澤瀉　白朮　滑石

研末每服三錢水煎服

少腹血滿

少腹血滿者。小便通利。大便閉塞。此太陰之邪。傳入大腸之府也。經云。大腸者。傳道之官。變化出焉。大便閉塞者。熱淤血困。而蓄積不通也。腹滿作痛者。氣凝血滯。而穢濁不行也。小便通利者。血病而氣不病也。河間治以當歸承氣湯。大黄苦寒除熱蕩實。芒硝鹹寒潤燥軟堅。二物下行甚速。故用甘草之甘平者以緩之。加當歸之辛溫。桃仁之甘苦。入血分以通大腸。共成逐淤散血之功。

當歸承氣湯

大黄　芒硝　甘草　當歸　桃仁　水煎服

少腹寒滿

少腹寒滿者。手足厥逆。此冷結膀胱之府也。按四肢者。諸陽之本。寒則脉道凝濇。陽氣不能敷布。故手足厥逆。少腹者。陰經之部。寒則氣道閉塞。真陰不能宣

腹滿。桂枝甘草姜棗以和營衛。内外無病。即表裡雙解。若有寒加生姜。嘔吐加半夏。下利去大黄。見症變通活法也。

厚朴七物湯

厚朴姜炒 枳實煨 大黄 桂枝
甘草 生姜 大棗 水煎服

氣虛腹滿

氣虛腹滿者。脉微弱。或虛弦濇数。嗜卧肢軟。飲食不甘。按氣虛。即中虛也。腹滿即中滿也。六脉微弱而弦数虛濇者。真陽不足也。四肢無力而飲食不甘者。正氣不充也。百問治以參歸飲。氣虛則氣不運。以參朮補之。氣滿則血不和。以芎歸養之。滿由濁氣在上。以苓瀉降之。滿因清氣在下。以升柴升之。加陳皮砂仁白豆蔻者。不但快膈調中。亦且旋轉三焦之氣也。又立加減法於後。臨症其通變乎。

參歸飲

人參一錢 白朮二錢 川芎五分 當歸一錢 茯苓一錢 澤瀉五分
柴胡三分 升麻三分 白蔻三分 砂仁五分 陳皮錢二分

水煎服。如氣虛人參加至三錢。白朮加至五錢。去砂仁白蔻。如虛寒形萎。脾瀉而無中滿。内惡寒外惡風。飲食難化。脉沉微遲細者。加人參二錢。白朮三錢。肉桂附子各二錢。煨姜一錢五分。炙甘草三分。去砂仁白蔻當歸柴胡升麻川芎澤瀉

情鬱腹滿

情鬱腹滿者。不思飲食。面黄形羸。胸膈不利。按情者。喜怒憂思悲恐驚之七情也。鬱者。氣血痰火濕食之六鬱也。七情六鬱交困於胸腹之中。故有懶食形羸逆滿等症。醫源治以交感丹。香附辛苦甘香。能散能降能和。利三焦。解六鬱。通十二經以療痞滿。茯神性平甘淡。入心入脾入腎。安五臟。和六府。益諸氣血以

白术益脾胃之陰。半夏和脾胃之氣。研末為丸。白湯送下。令藥味留於腸胃垢膩運動下行。地道宣通。腹滿自平矣。

三黃枳术丸

黄連　黄芩　陳皮　神曲　枳實

大黄　乾薑　白术　半夏

研末水和丸每服二三錢白湯下

虛寒腹滿

虛寒腹滿者。其症時發時止。按虛者。因寒而虛也。時發時止者氣也。氣逆則發氣和則止也。蓋胃為水穀之海。脾為倉廩之官。脾屬太陰。胃屬陽明。胃喜溫。脾喜燥。溫燥則健運。虛寒則腹滿矣。準繩治以厚朴溫中湯。乾姜辛辣而溫胃土。草蔻辛熱而煖脾元。陳皮辛苦以宣五臟。木香辛苦以利三焦。厚朴辛溫散滿。茯苓甘淡助陽。甘草甘平益氣。令脾胃之寒去。則強健轉運。氣血流通。滿者自消矣。繼以參茯散調之。

厚朴溫中湯

乾姜　草蔻　陳皮　木香

厚朴　蒼术（茯苓）　甘草　水煎服

參苓白术散

人參　白术　茯苓　山藥

陳皮　砂仁　桔梗　甘草

研末每服二錢米湯下

發熱腹滿

發熱腹滿者其症發熱十日。脉浮數。飲食如故。此有表復有裡也。腹滿裡病也。發熱表病也。飲食如故者。胃強也。發熱十日者。言日期已久。表裡相持也。脉浮數者。外邪未去。又挾燥邪之象也。仲景治以厚朴七物湯。厚朴枳實大黄以下

氣不宣通也。不食者。脾元不運化也。嘔逆者。中宮不旋轉也。不卧者。氣血不交泰也。皆由寒濕滯於脾胃。清陽不升。濁陰不降所致也。東垣治以木香順氣湯益智草蔻煖胃溫脾。茱萸乾姜逐寒除冷。蒼朮厚朴。燥濕散滿。柴胡升麻。升清。茯苓澤瀉降濁。陳皮半夏止嘔。木香青皮化滯。加人參補氣。當歸養血。令坤元得乾健之德。陰陽復升降之常。亦何腹滿之有哉。

木香順氣湯

益智仁五分 木香五分 半夏六分 人參五分 青皮四分 陳皮五分 厚朴姜炒四分
草豆蔻五分 柴胡一錢 升麻六分 茯苓六分 澤瀉六分 當歸五分 蒼朮炒五分
吴茱萸三分 乾姜三分 水煎服

虛滿

虛滿者。腹滿而中空也。其症手足倦怠。短氣溏泄。按脾主四肢。倦怠者。脾土氣虛也。脾主運化。溏泄者。脾元不固也。脾為滋生之本。灌溉四旁。名曰宗氣。短氣者。脾陰不健也。法宜補脾為主。錢氏治以六君子湯。人參甘溫。大補元氣為君。白朮苦溫。燥脾益氣為臣。茯苓甘淡。滲濕為佐。甘草甘平。和中為使。加陳皮辛溫散逆。半夏辛滑開鬱。王道也。東垣云。以補劑治中滿。即內經所謂塞因塞用也。初服覺脹。久服滿消。非洞達精微者。不足語此。

六君子湯

人參 白朮 茯苓 甘草 半夏 陳皮
姜一片水煎服 一方加當歸白豆蔻蘇梗 如朝寬暮急為血虛 本方加當歸川芎 朝暮俱急亦加當歸川芎 如暮寬朝急依本方

實滿

實滿者。氣實而腹滿也。其症舌胎黃厚。飲食不下。此強壯之人。脾土本健。因飲食驟進。積於胃府。蓄於大腸。鬱結生熱。氣滯不行。故舌黃腹滿矣。易老治以三黃枳朮丸。黃芩黃連清熱。陳皮神曲消食。枳實大黃下滯。加乾姜通脾胃之陽。

者。腎氣上逆也。喘息喝喝者。肺氣不降也。大便不利者。氣滯不行也。皆屬寒邪所致也。靈樞經謂此症。應取足少陰。取者瀉也。法宜辛散為主。準繩治以薑桂湯。肉桂益智溫腎。良姜草蔻溫脾。升麻升清運陽。厚朴下氣散滿。獨活入少陰以平逆氣。黄柏瀉相火以滋腎水。甘草和中土以補三焦。氣和寒散。肺金得令。喘滿自平。桂枝人参湯亦主之。臨症其酌用乎。

姜桂湯

肉桂一錢 益智仁一錢 良姜八分 草豆蔻八分 升麻六分
厚朴八分 獨活八分 黄柏五分 甘草五分 水煎服

桂枝人参湯

桂枝一錢 人参錢二 白术一錢 良姜八分 吴茱萸六分
澤瀉一錢 陳皮五分 青皮五分 水煎服

畜滿

畜滿者。畜寒腹滿也。其症氣逆不食。按脾為陰中之至陰。喜溫燥而惡寒濕。溫燥則健運。寒濕則凝滯。健運則胸暢能食。凝滯則腹滿氣逆矣。此即經言太陰所至為畜滿者是也。非辛熱之劑。不足以蕩畜久之陰邪。仲陽治以木香塌氣丸。胡椒辛熱純陽。溫脾快膈以逐沉寒。草蔻辛散芳香。煖胃燥濕以除積冷。萊菔辛甘屬土。化滯寬中。青皮辛苦屬木。却痰消痞。陳皮辛散而宣五臟。木香溫苦而煖三焦。良法也。

木香塌氣丸

胡椒五錢 木香二錢 草豆蔻煨三錢
萊菔子炒二錢 陳皮二錢 青皮炒二錢
研末水丸每服三十丸米飲下 一方有全蝎二錢

濁滿

濁滿者。濁氣在上也。其症心腹鬱悶。飲食不下。食則嘔逆。不能卧。按鬱悶者。肺

腹滿論

滿者。滿溢也。腹中高滿而外有形也。六元政紀論云。太陰所至為中滿。太陰所至為畜滿。以脾乃陰中之太陰。同濕土之化。脾濕有餘。則腹滿而食不消。天為陽為熱。主運化也。地為陰為濕。主長養也。無陽則陰不能生化。故云臟寒生滿病。以寒濕鬱於脾胃。脾經所謂胃中寒則滿者是也。經又云。中滿者泄之於內。蓋言以辛散之。以苦泄之。以淡滲之。非破氣也。考陽熱為邪者。則腹滿咽乾。陰寒為邪者。則吐食自利。腹滿不有寒熱之分乎。然所云熱者。乃寒邪化熱也。總宜調脾養胃為至。切不可妄行攻伐。此定治也。其滿又有中腹少腹之別。中腹滿者。土氣不運也。少腹滿者。便溺不利也。東垣丹溪而先師云。滿病按之不痛者為虛。痛者為實。隨其病之虛實而調之。藥兼補瀉。令清陽歸上竅。濁陰出下竅。中宮健運。則上下交通。其滿自平矣。分症列方於後。學者識之。

氣鬱腹滿

氣鬱腹滿者。因勞役憂思。飲食失節也。其症旦食不能暮食。而脇刺痛。至夜腹滿尤甚。脉弦而細。按憂勞損傷脾胃。陽氣不能運化。飲食聚而不散。故旦食而暮不能食也。至夜腹滿尤甚者。濁陰之氣。當降不降也。脇痛脉弦細者。肝木剋土也。準繩治以木香順氣湯。柴胡升麻。升清運陽。半夏蔻智。消寒散滿。朴木蒼皮。調氣行滯。人參當歸。補氣養血。茱萸辛苦降濁。苓瀉引濁下行。散之洩之。上之下之。使清陽各安其位。而滿自消矣。

木香順氣湯

柴胡錢五 升麻錢二 半夏一錢 草蔻一錢 益智仁一錢 厚朴姜炒一錢 木香五分
蒼朮炒一錢 青皮炒五分 陳皮五分 人參錢二 吳茱萸五分 當歸一錢 茯苓一錢 澤瀉一錢

姜一片水煎服研末每服三錢開水下亦可

寒鬱腹滿

寒鬱腹滿者。大便不利。氣凝胸臆。喘息喝喝。按腹滿者。中氣不運也。氣凝胸臆

腹滿論

腹脹論

水腫論

疝氣論

雜症集解

雜症集解

疝氣論

水腫論

脹滿論

腹滿論